VINDOBONA
VERLAG SEIT 1946

GERTRAUD WILD

Wege und Umwege

Wanderung durch Kunst und
andere Wirklichkeiten

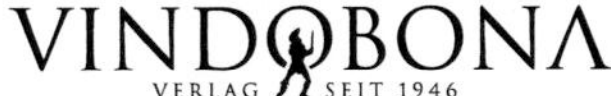

Bibliografische Information
der Deutschen Nationalbibliothek:

Die Deutsche Nationalbibliothek
verzeichnet diese Publikation in
der Deutschen Nationalbibliografie.
Detaillierte bibliografische Daten
sind im Internet über
http://www.d-nb.de abrufbar.

Gedruckt in der Europäischen Union
auf umweltfreundlichem, chlor- und
säurefrei gebleichtem Papier.

www.vindobonaverlag.com

in der novum publishing gmbh
Rathausgasse 73, A-7311 Neckenmarkt
office@vindobonaverlag.com

ISBN 978-3-903579-04-0
Lektorat: Juliane Johannsen
Umschlagabbildungen:
Vorderseite des Covers:
Samuel van Hoogstraten, Alter Mann im Fenster,
1653, Öl auf Leinwand, 111 cm x 85 cm,
Kunsthistorisches Museum Wien;
Rückseite des Covers: Eulenskyphos, griechisch,
attisch, rotfigurig, 2. Hälfte 5. Jh. v. Chr., Ton, H.
7,4 cm, Dm. 9,1 cm, Kunsthistorisches Museum Wien
Umschlaggestaltung, Layout & Satz:
Vindobona Verlag
Innenabbildungen:
siehe Bildquellennachweis S. 102

Die von der Autorin zur Verfügung gestellten
Abbildungen wurden in der
bestmöglichen Qualität gedruckt.

Inhaltsverzeichnis

Danksagung

Mein tiefer Dank geht an all diejenigen, die mit mir über viele Jahre hindurch kreative Kunstbetrachtung praktiziert haben. Ohne diese wertvollen Stunden wäre dieses Buch nicht entstanden.

Meine besondere Dankbarkeit gilt auch meinem Zen-Lehrer Dr. Yoshida Roshi, Abt vom Missouri Zen-Center. Durch ihn lernte ich einen anderen Blickwinkel auf die Wirklichkeit kennen, eine Wirklichkeit, die weit hinter den Dingen liegt. Der Schlüssel dazu ist Meditation.

Teil von kreativer Bildbetrachtung ist kreatives Schreiben. Großen Dank an Natalie Goldberg, deren Bücher und Workshops mich inspiriert haben, kreatives Schreiben mit Bildbetrachtung zu verbinden.

Unendlich dankbar bin ich meiner Freundin Ana Tadjer. Sie hat mir nicht nur wichtige Vorschläge zur Verbesserung des Manuskripts gegeben, sondern mich auch ermutigt, das Manuskript zu veröffentlichen.

Große Dankbarkeit gilt auch meiner Freundin Silvia Luger. Unsere gemeinsame kreative Kunstbetrachtung im Kunsthistorischen Museum in Wien führte immer zu tiefen Gesprächen. Ihre Unterstützung, dieses Buch zu veröffentlichen, ist unschätzbar. Das Gleiche gilt für meine Freundin Sylvia Courir. Ihre wunderbaren Einsichten in die menschliche Seele und ihre richtigen Fragestellungen haben mir sehr geholfen, zum Wesentlichen zu kommen.

Von ganzem Herzen möchte ich meiner Lektorin Dr. Maria-Christine Leitgeb für ihre wichtigen Anregungen und Hinweise zur Verbesserung des Buches danken.

Großen Dank auch meiner Freundin und Künstlerin Lucretia Schmidt, die mit viel Einfühlungsvermögen die Zeichnungen für mein Buch angefertigt hat.

Mein aufrichtiger Dank gilt letztendlich meiner Familie, die mich in meinen Unternehmungen immer unterstützt.

Let the beauty we love be what we do
There are hundreds of ways to be and kiss the ground

Rumi

Einleitung

Wir sind Wanderer in der Zeit, die immer nur im Jetzt stattfindet. Mit jedem Schritt und Atemzug erschaffen wir durch unser Sein Realitäten, die unseren Lebensweg prägen. Dieser Weg ist höchst individuell, geformt von Herkunft und sozialem Umfeld, und besteht aus vielen Umwegen und Irrwegen. Oft zeigt sich die Richtung dieses Weges erst im Nachhinein, bestimmt von Grundeinstellungen und Intentionen, die uns helfen, uns im Leben zu orientieren. Diese Grundeinstellungen sind jedoch Wandlungen unterworfen – denn alles ist vergänglich.

In unserer Welt, in der Einsamkeit und das Gefühl des Getrenntseins zunehmen, wird es immer wichtiger, eine Quelle von Kraft und Verbundenheit zu finden. Es gibt viele Tore, die zu dieser Quelle führen: Meditation, Religion, Philosophie, Natur, Kunst, menschliche Begegnung und mehr. Kreative Kunstbetrachtung ist ein solches Tor. Diese Art der Betrachtung fordert dazu auf, sich intensiv auf ein Kunstwerk einzulassen, ohne Kritik und vorgefasste Meinungen. Es geht nicht um kunstgeschichtliches Wissen, sondern um die Freude am Sehen und Entdecken mit einem „Beginner's Mind". Dabei wird die Vergangenheit zur reinen, unverfälschten Gegenwart, die sich ständig ändern kann. Das Kunstwerk spiegelt die sich wandelnde Psyche wider und wird zu einem idealen Vehikel zur Selbstfindung, indem es Inhalte, die vorher unbewusst waren, spielerisch ins Bewusstsein bringt.

Die Methode der kreativen Kunstbetrachtung entstand als Prozess. Vor über 25 Jahren begann ich, an verschiedenen amerikanischen Universitäten Kunstgeschichte zu unterrichten. Dabei fiel mir auf, wie wenig die Studierenden das Kunstwerk wirklich betrachteten. Schon länger hatte ich bemerkt, dass die durchschnittlichen Besucherinnen und Besucher eines Museums kaum mehr als eine Minute vor einem Kunstwerk verbringen.

Vor meinem Studium der Kunstgeschichte kannte ich auch von mir diese Art der Betrachtung. Wo immer ich war – ob in Rom, Florenz, Venedig – ich wollte in einem Museum so viel wie möglich sehen und war am Ende völlig erschöpft und ausgelaugt. Ich stellte mir folgende Frage: Was ist Kunst für mich?

Im Fach Kunstgeschichte interessierte ich mich am meisten für Ikonografie. Schon vor meinem Studium hatte ich mich mit Psychologie, vor allem mit C. G. Jung und den Manifestationen des Unbewussten, beschäftigt. Besonders angetan war ich von Träumen, Archetypen und Symbolen. Den kreativen Zugang zu unbewussten Prozessen, Wünschen und Verhaltensmustern erhielt ich durch aktive Imagination, genannt katathymes Bilderleben. Zwei Jahre lang konnte ich mit einem Therapeuten diese Form von Selbsterkenntnis praktizieren.

Meine Tätigkeit als Adjunct Professor für Kunstgeschichte fiel ziemlich gleichzeitig mit dem Beginn meiner Praxis von Soto Zen-Meditation zusammen. In dieser Zeit kam ich auch mit kreativem Schreiben in Berührung (inspiriert von Natalie Goldbergs Buch „Writing down the Bones"). Ich praktizierte kreatives Schreiben zu Hause und in Schreibgruppen.

Irgendwann hatte ich die Idee, Kunstbetrachtung mit Meditation und kreativem Schreiben zu verbinden. Daraus entstand die Methode der kreativen Kunstbetrachtung (Anleitung siehe im Anhang). Alle diese Kunstbetrachtungen schrieb ich in ein Tagebuch, ein Tagebuch, in dem ich auch Träume, tatsächliche Begebenheiten und andere mir wichtige Dinge festhielt. Als während der Covid-Zeit die Museen geschlossen waren, kam mir die Idee, diese Aufzeichnungen kreativ zu nutzen. So entstand das Buch „Wege und Umwege – Wanderung durch Kunst und andere Wirklichkeiten".

Prolog

Wenn ich an meine frühe Kindheit denke, dann sind es zwei für mich sehr bedeutungsvolle Ereignisse, die mir in den Sinn kommen. Eines ereignete sich in meinem Wachleben, das andere im Traum. Beide haben mich mein ganzes Leben lang begleitet.

Ich war vielleicht drei Jahre alt, als ich in mein Schlafzimmer lief, um etwas zu holen. Plötzlich sah ich ein blondes Mädchen mit großen grünen Augen, das mir entgegenlächelte. Mit großer Freude versuchte ich, Kontakt mit ihm aufzunehmen, da ich dringend eine Spielgefährtin benötigte, doch es verschwand, sobald ich mich ihm näherte. Zweimal schaute ich hinter den Spiegel, der auf einer Kommode montiert war, einem Möbelstück, das man *Psyche* nannte. Jedoch erst beim dritten Mal erkannte ich, dass dieses Mädchen ich selbst war. Ich hatte mich das erste Mal in meinem Leben als unabhängige Existenz wahrgenommen, als Individuum. Langsam und stetig gewann dieses Ich an Bedeutung, und das Mädchen, das hinter dem Spiegel verschwunden war, geriet in Vergessenheit. Das Gefühl der innigen Verbundenheit mit allem, was mich umgab, nahm stetig ab und führte in meinem Erwachsenenleben zu einem schmerzhaften Gewahrsein von Getrenntsein und Entfremdung. Damit begann meine Suche nach jenem magischen Wesen in mir, das in Verbundenheit und Einheit mit allem lebte.

Das Traumerlebnis hat mit meiner Großmutter zu tun, die damals eigentlich noch am Leben, in meinem Traum jedoch schon tot war. Sie lebte alleine im ersten Stock unseres Wohnhauses. Sticken und Häkeln gehörten zu ihren Leidenschaften. Ihr Tag begann um vier Uhr früh, um acht Uhr abends ging sie schlafen. Das Zimmer, in dem sie die meiste Zeit verbrachte, war voll von selbstgemachten Handarbeiten – Teppichen, Polstern, Decken und Bildern. In meinem Traum ging ich hinauf in ihre Wohnung und betrachtete eines ihrer Lieblingsbilder. Plötzlich trat sie aus dem Bild heraus und stand – nun wieder lebendig – vor mir in ihrem Zimmer. Erschrocken von dem, was gerade passiert war, wachte ich auf.

Rückkehr

Ich kehre zum Platz meiner Kindheit zurück. Ich weiß eigentlich nicht, wie ich hierhergekommen bin. Es ist früher Morgen, und ich trage einen Sack voll mit Küchenabfällen über die Dorfstraße auf ein kleines Feld, wo früher eine Scheune gestanden ist. Jetzt ist es nur mehr Ablagerungsplatz für Müll und Gestein. Im hinteren Teil des verwahrlosten Felds befindet sich ein Komposthaufen. Unkraut wuchert überall. Plötzlich sehe ich einen Knochen, der unter dem Schutt von alten Ziegeln und dem wild wachsenden Unkraut begraben ist. Ich bücke mich und hebe ihn auf. Es ist ein Beckenknochen. Wie kommt er hierher? Er schaut sehr zierlich aus und scheint von einem Kind zu stammen.

Ich hebe den Beckenknochen auf, lege ihn in den kleinen Müllsack, den ich mitgebracht habe, und beginne mit der Suche nach anderen Knochen. Ich finde noch ein Bruchstück von einem Finger und lege es vorsichtig zu dem Beckenknochen.

Als mir bewusst wird, dass ich die Knochen eigentlich gar nicht genau betrachtet habe, will ich sie wieder aus dem Müllsack holen, doch sie haben sich schon mit den Küchenabfällen vermischt. Eigenartigerweise ist auch eine Menge Kuhmist dazugekommen. Ich kann die Knochen nicht mehr finden, leere den Sack auf dem Komposthaufen aus und bin erstaunt, dass die Knochen auch durch diesen Akt nicht mehr zum Vorschein kommen. Ich beschließe, das Geheimnis dieses Fundes später zu erforschen.

Auf dem Weg zurück in den Hof spüre ich plötzlich einen großen Sog – eine unglaubliche Kraft bemächtigt sich meiner im unteren Teil meines Körpers. Sie zieht mich vorwärts. Ich kann ihr nichts entgegensetzen. Je näher ich an die Häuser meiner Vergangenheit komme, desto stärker wird der Sog. Es kribbelt in meinem Genitalbereich, und der Boden tut sich wie eine Rinne oder vielmehr wie eine tiefe Ackerfurche vor mir auf. Er zieht mich durch die Furche, mein Oberkörper ist jedoch in der Luft.

Dann reißt er mich mit sich fort, und ich werde in das Zimmer meiner Großmutter getragen.

Meine Großmutter ist schon lange tot. Ihre Wohnung ist bereits vor Jahrzehnten umgebaut worden und wird jetzt anders genutzt. Zu meiner Überraschung finde ich sie unverändert vor, ganz wie vor den Neuerungen. Gleich links von mir steht der beigefarbene, rechteckige Kachelofen, den sie immer überheizt hat. Er scheint auch heute warm zu sein. Die Nähmaschine, auf der ich alle meine Puppenkleider nähen durfte, befindet sich neben der Tür ins Schlafzimmer. Auf dem verschnörkelten Thonet-Blumentisch stehen Blumentöpfe auf edlen Meissner Porzellantellern. Wasser hat sich dort angesammelt – meine Großmutter hat ihre Pflanzen immer zu stark und vor allem zu oft gegossen. Sogar ihr kleines Radio auf dem Kasten neben der Stehlampe ist aufgedreht. Es ist jedoch kein Ton zu hören. Es scheint fast, als ob der Kanal nicht richtig eingestellt worden ist.

Es ist sehr still in dem Zimmer. Ich blicke auf das Sofa, das mit einer Decke bedeckt ist, die sie selbst geknüpft hat. Polster, selbst gestickt und genäht, lehnen gegen die Wand. Die Sofaecke, in der sie immer gesessen ist, um ihre Handarbeit zu machen, ist leicht eingedrückt, so, als wäre sie Minuten vorher hier gesessen.

Mein Blick fällt auf die vielen gestickten Bilder, die an der Wand hängen. Eines davon erweckt mein besonderes Interesse. Es ist rund siebzig Zentimeter lang, vierzig Zentimeter breit und mit einem Goldrand umgeben. Ich weiß, dass das das Lieblingsbild meiner Großmutter war. Sie hatte es sich zur Angewohnheit gemacht, die Motive selbst zusammenzustellen, was zur Folge hatte, dass die Proportionen oft nicht richtig gerieten. So auch hier: Die Schmetterlinge und Vögel sind größer als der Reiter, der im Zentrum des Bilds auf einer grünen Wiese galoppiert. Auch der Birkenwald rechts von der grünen Wiese ist viel zu klein. Farblich passt jedoch alles wunderbar zusammen. Ich denke an meine geliebte Großmutter, für die Sticken Meditation war.

Mit einem Mal öffnet sich der Himmel, und sie steigt lebendig aus dem Bild heraus. In voller Größe steht sie vor mir und lächelt mich mit ihren stahlblauen Augen an. Ein einfaches Kleid bedeckt ihren hageren, fast knochigen Körper. Darüber trägt sie eine braunblaue Kleiderschürze. Ohne ein Wort zu sprechen, legt sie ihre linke Hand auf meine rechte Schulter und zeigt mit der anderen Hand den Weg hinaus in den Gang. Die Berührung ist sanft wie ein Hauch und hat fast kein Gewicht. Wir gehen gemeinsam in den großen Vorraum. Die goldene IHS-Inschrift am Plafond spiegelt sich in den glänzend polierten Kehlheimer Platten wider. Zwei Holzringe hängen von der Decke. Als Kind habe ich es geliebt, auf diesen Ringen zu schaukeln. Großmutter führt mich weiter über den Brückengang in ein anderes Haus. Ich weiß, sie möchte mir eine Botschaft überbringen, doch bevor ich sie fragen kann, verschwindet sie so schnell, wie sie gekommen ist.

Die Räume, in denen ich mich nun befinde, sind wieder die Räume meiner Kindheit. Viele Stunden habe ich als Kind hier verbracht und mit all dem gespielt, was niemand sonst beachtet hat – mit Ritterhelmen, Degen, einem Spinnrad, einer uralten Eisenbahn und Bausteinen. Mit ihnen konnte ich ganze antike Städte bauen. Der barocke weiße Kachelofen ist noch genauso da wie die vielen Ölbilder meiner Ahnen und die Biedermeiermöbel von Tante Frieda.

Mir ist nicht klar, weshalb mich Großmutter gerade in dieses Zimmer geführt hat. Alles hier ist mir vertraut, sogar der alte Fotoapparat und das noch ältere Radio stehen noch in der Ecke. Es ist genauso, wie ich es in meiner Erinnerung bewahrt habe. Etwas ist jedoch anders. Hier ist eine Tür, die ich vorher noch nie gesehen habe. Ich öffne sie vorsichtig. Vor mir liegt ein endlos langer Gang, der wie der Vorraum mit goldgelb glänzenden Kehlheimer Platten gepflastert ist. Er erinnert mich an den Gang in den kaiserlichen Räumen von Stift Melk. Über dem Eingang steht in goldener Schrift:

Alle Dinge sind wie ein Traum!
Der Vergänglichkeit gewahr,
Folge dem Pfad
Mit Hingabe
Und Sorgfalt![1]

Ich trete über die Schwelle und frage mich, was diese Inschrift zu bedeuten hat. Welchem Pfad soll ich folgen? Ist da *Vergangenheit* oder *Vergänglichkeit* gestanden? Ich kann mich nicht mehr genau erinnern. Der Unterschied ist jedoch wesentlich. Das spüre ich.

Vor mir liegt eine endlose, spiegelglatte Fläche, an der nicht einmal ein Körnchen Staub hängengeblieben ist. Wenn ich diesem Weg folge, kann ich nicht mehr als meinen eigenen Schatten auf den Fliesen sehen – nicht mehr als mein eng umgrenztes Ich. Hier gibt es keine Vergangenheit, die sich an meine Gegenwart anschließen könnte. War das Wort doch *Vergänglichkeit*?

Wo ist der Pfad? Ich mache einen Schritt vorwärts und mit einem Mal befinde ich mich in einer anderen Wirklichkeit. Tausende in Leder eingebundene Bücher mit Goldschrift am Buchrücken stehen in Reih und Glied in einer riesigen, fast endlos scheinenden Bibliothek. Sie hat Ähnlichkeit mit der barocken Stiftsbibliothek von Stift Melk, ist jedoch unendlich viel größer. Das Wissen der Menschheit scheint in diesen Büchern enthalten zu sein. Die Fülle macht es schier unmöglich, die endlose Perlenkette von Zeitgeschehnissen, von dicht gedrängten Erkenntnissen, Philosophien, Kreationen und Dramen nachzuvollziehen, geschweige denn zu verstehen. Der Raum, dieser unendliche Raum, ist vergangenheitsdurchtränkt. Er ergreift mich nicht. Ich stehe außerhalb, bin abgeschnitten und beziehungslos. Wie oft habe ich verzweifelt in Büchern nach Fakten und Erklärungen gesucht, um einen Sinn im Leben zu finden. Es ist mir nicht gelungen. Mit einem tiefen Seufzer blicke ich aufwärts. Über mir leuchtet das Deckenfresko von Paul Troger. Aus seinem brillanten Himmelsblau löst sich ein Engel mit rotem Flattergewand. Er schwebt zu mir herunter, gleich einem sanften Luftzug, und flüstert mir ins Ohr:

„In der Gegenwart, in der Gegenwart findest du das, was du suchst! Du musst nicht in Fakten kramen, um zu verstehen. Das Verstehen kommt aus deinem Inneren!"

Doch was ist die Gegenwart? Das Jetzt? Ist es nicht wie ein Traum, ein Stern im Morgengrauen, ein Blitz, ein Tautropfen? *Jetzt ist Vergänglichkeit*, heißt es im *Diamant-Sutra*.

Wieder mache ich einen Schritt, und dieser Schritt bringt mich vor ein Gemälde von Raffael.

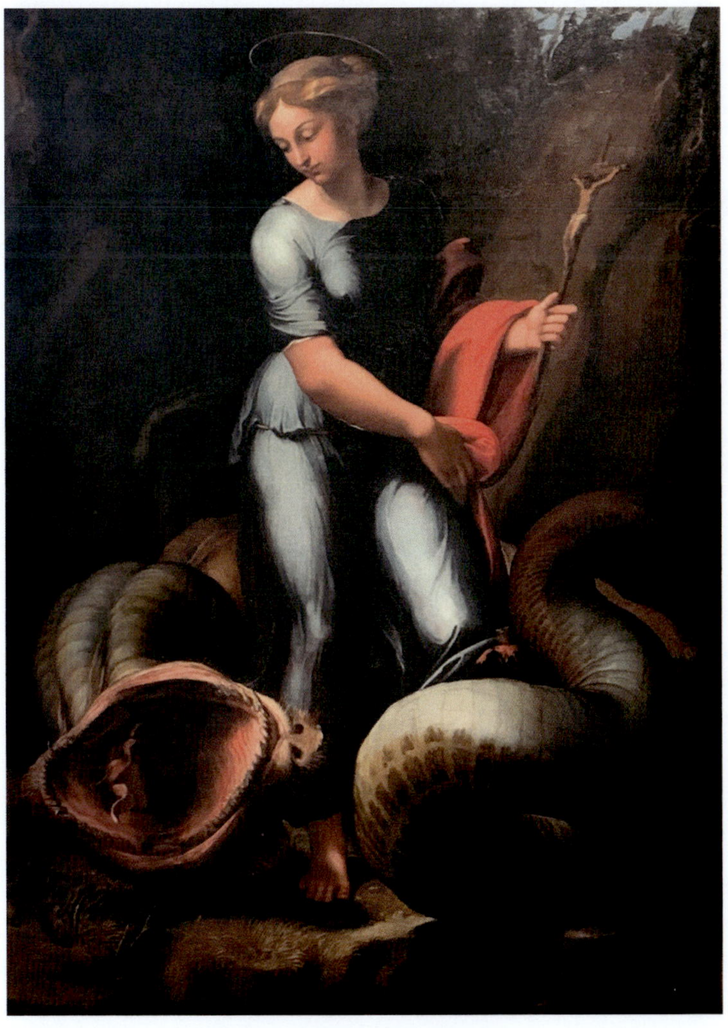

Bild 1: Raffael, *Hl. Margareta*

Das Himmelsblau von Troger hüllt sich als blaues Gewand um die Gestalt der heiligen Margarete. Sie hält ein Kreuz in ihrer linken Hand. Das Kreuz beschützt sie vor einem gewaltigen Wurm mit weit aufgerissenem Maul, der sich selbst zu verschlingen scheint. Der Wurm schlängelt sich um sie herum. Sie steht aufrecht und furchtlos in seiner Mitte. „Das Jetzt", flüstert mir die heilige Margareta zu, „ist das Haupt eines großen Wurmes, der sich ständig selbst verschlingt."

Ich bin überrascht, mit welcher Gleichmut sie diese Worte zu mir spricht. Dann fährt sie mit lauterer Stimme fort: „Der Wurm besteht aus endlos vielen Vergangenheitsgliedern, die irgendwann einmal selbst das Haupt waren. Die Vergangenheit ist im Körper des Wurmes nur noch in Fragmenten vorhanden und nicht mehr in ihrer Ganzheit. Dennoch ist die Vergangenheit mächtig. Sie kann dich verschlingen! Der einzige Weg, dich von diesem Monster zu befreien, besteht darin, dich der Gegenwart vollkommen hinzugeben. Du musst jeden Moment mit völliger Hingabe und Liebe leben! Du musst dir deiner Vergänglichkeit gewahr werden."

Ihre Worte machen mir bewusst, dass das Symbol des Kreuzes dieselbe Bedeutung hat wie der Vers über dem Eingang zur Bibliothek. *Der Vergänglichkeit gewahr, folge dem Pfad mit Hingabe und Sorgfalt*. Jeder Moment unseres Lebens ist Tod und Wiedergeburt zugleich. Das Leben selbst erschafft den Pfad. In der Antike hat man diese Weisheit durch den Uroboros dargestellt, durch eine Schlange, die sich ununterbrochen in den eigenen Schwanz beißt. Sie steht für Erneuerung.

Ich bin müde, müde von der Komplexität und der Paradoxie des Lebens. Ich möchte auch den hässlichen Wurm nicht mehr sehen. Er ist abstoßend und abscheulich. Sein offenes Maul erinnert mich an das Beckenskelett, das ich im Schutt auf dem Mistplatz gefunden habe. Ein großes Bedürfnis nach Ruhe überkommt mich. Ich möchte mich irgendwo hinsetzen und rasten. Einen kleinen Schritt mache ich noch, und siehe da, vor mir erscheint ein kleiner runder Tisch, auf dem eine schlichte Glasvase mit fünf rotgelben Tulpen steht, und ein Stuhl. Ich setze mich. Fünf dicht mit Staubzucker bedeckte Krapfen duften zu mir herüber. Die Versuchung, in einen der köstlichen Krapfen hineinzubeißen, ist groß, auch wenn ich nicht weiß, für wen sie auf den Tisch gestellt worden sind. In demselben Augenblick, in dem ich zugreifen möchte, öffnet ein leichter Windstoß eine Tür gegenüber von mir. Mein Blick fällt auf eine junge Frau, die mich mit wachen, ausdrucksvollen Augen betrachtet. Meine Anwesenheit hat sie überrascht. Ich bin genauso überrascht wie sie.

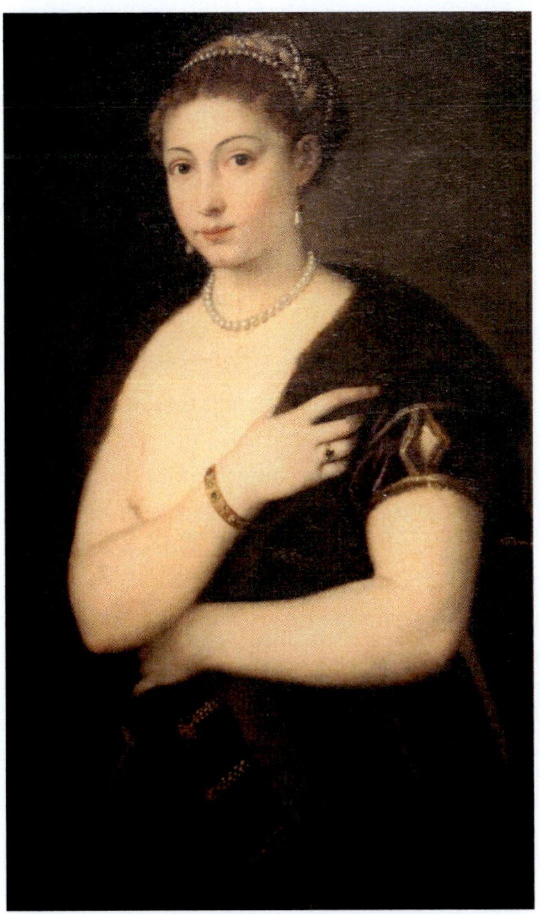

Bild 2: Tizian, *Mädchen im Pelz*

Sie trägt eine schwere braune Pelzstola, die wie zufällig von ihrer rechten Schulter gerutscht ist und ihre rechte Brust entblößt. Hat sie jemand anderen erwartet als mich? Schnell fasst sie mit ihrer rechten Hand nach der Stola. Ihr abgewinkelter Arm bildet nun einen Rahmen für ihre weiße nackte Brust. Mit ihrem linken Arm zieht sie den Pelz um ihren Körper fest. Wäre ich nur einen Moment später gekommen, stünde sie jetzt wahrscheinlich nackt vor mir. Das hat sie jedoch nicht aus ihrer Ruhe gebracht. Mit keiner Bewegung verrät sie ihre Gefühle und Gedanken. Aufmerksam schaut sie mich an. Ich bemerke, dass das Braun ihrer Augen unter den hoch geschwungenen Halbmondaugenbrauen das Braun der Pelzstola ist. Vor mir steht eine verführerische Schönheit. Ihre Sinnlichkeit ist überwältigend. Sie wird verstärkt durch die Perlenkette, die ihren entblößten Hals umrahmt. Perlen schmücken auch ihre dunklen Haare und hängen fast spielerisch von ihren Ohren. Ein Lächeln erscheint auf ihrem vollen Mund. Es ist ein Lächeln, das Begehren erweckt. Welcher Mann kann dieser Frau wohl widerstehen?

Das Lächeln einer Frau hat viele berühmte Maler und Dichter verzaubert und zu herausragenden Werken inspiriert. Neben Tizian haben etwa auch Peter Paul Rubens, Leonardo da Vinci, Francesco Petrarca und viele andere ein Bild wie dieses von ihrer Geliebten in ihrem Herzen herumgetragen und ihrer Liebe in Wort oder Bild Ausdruck verliehen. Oder war es vielmehr das Begehren, sie zu besitzen?

Erst jetzt sehe ich eine Inschrift über der Zimmertür. Es ist ein Teil des Gedichtes von Pablo Neruda:

Hungrig bin ich, will deinen Mund
Den Blitz begehr ich, der sich in deine Schönheit gebrannt,
Möchte essen den flüchtigen Schatten deiner Wimpern
Und wie ein Puma in der Einsamkeit von Quitratúe
Suche ich dein brennendes Herz.

Bevor ich mir noch einen Sinn zwischen der Inschrift und der Pose der jungen Frau zusammenreimen kann, zeigt sich hinter der Frau im Pelz mit einem Mal eine andere weibliche Gestalt. Ich kann nur ihren Kopf sehen, der mit einem Kopftuch bedeckt ist.

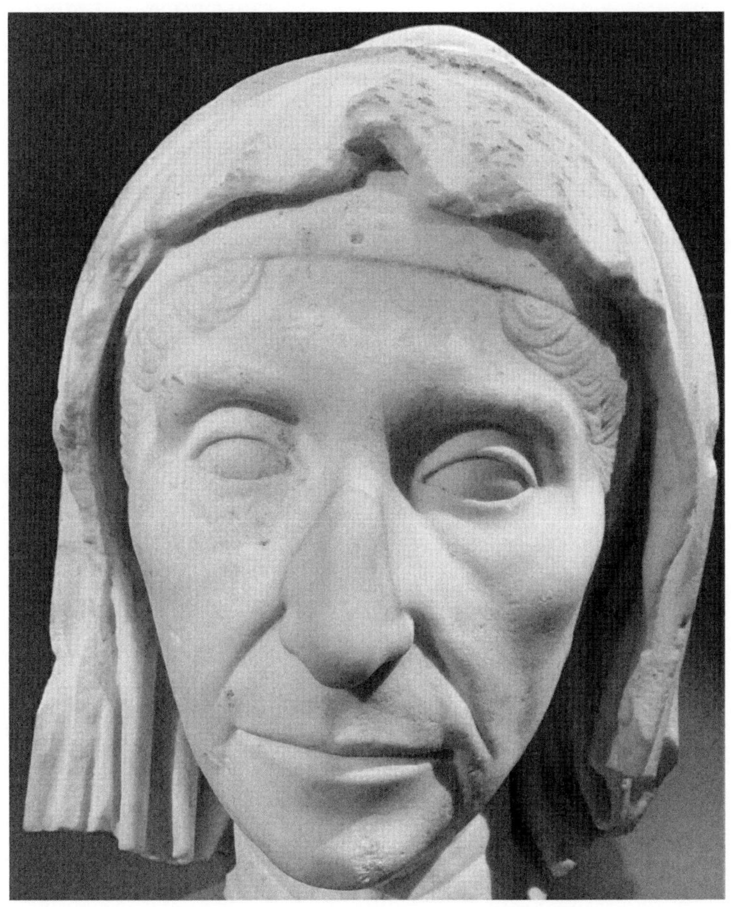

Bild 3, Matrone, *Marmorkopf*

Das Kopftuch hat dieselbe Farbe wie ihr Gesicht, was sie wie eine Marmorstatue wirken lässt. Die Frau im Pelz hat ihr den Rücken zugekehrt und bemerkt sie nicht – doch ich sehe sie beide.

Ihr Blick auf die lächelnde Schönheit jagt mir einen kalten Schauder über den Rücken. Es ist ein Blick ohne Freude, leer und apathisch. Die Frau erinnert mich an Darstellungen uralter römischer Matronen. Furchen des Alters haben sich in die Nasenfalten gegraben, und ihre Wangen sind eingefallen. Ihr Hals ist wie ein frisch gegrabener Acker im Herbst. Gehören die beiden zusammen? Ist sie die Mutter des Mädchens im Pelz? Sie schaut verbittert und ausgezehrt aus. Was hat ihr ihre Substanz genommen, ihre Lebensfreude? Sie möchte sich bemerkbar machen, möchte der jungen Frau etwas sagen, doch kein Wort entkommt ihrem schmalen Mund. Ein Windstoß lässt sie wieder hinter dem weißen Spitzenvorhang verschwinden.

Was hat das alles zu bedeuten? Bevor ich mir noch tiefere Gedanken darüber machen kann, trägt ein neuer Windstoß den Duft der frisch gebackenen Krapfen zu mir herüber. Der Duft holt mich zurück an den kleinen runden Tisch. Mein Mund füllt sich mit Speichel, und das Begehren, in diese noch warme Köstlichkeit hineinzubeißen, ist fast unwiderstehlich. Meine Augen wählen den gleichmäßigsten Krapfen mit makelloser Überzuckerung aus, und meine Hand möchte zugreifen – doch wieder werde ich zurückgehalten. Eine altbekannte Musik lenkt mich ab. Sie bringt Erinnerungen zurück, die schon lange in Vergessenheit geraten sind. Die Musik stammt von Millionen von Zikaden. Ich bin in St. Louis. Es ist fünf Uhr abends, und ich sitze auf einer Bank im Forest Park. Die warme Abendsonne bricht durch das Blattwerk der mächtigen Bäume neben mir. Ein Strahl flüstert ein einziges Wort in mein Ohr:

„HÖRE!"

Rechts von mir – bei den hohen Zedernbäumen – erklingt der Zikadengesang, in den nur einige Augenblicke später Abertausende von Zikaden links von mir einstimmen. Die Luft vibriert von ihren Stimmen. Das Rauschen des Springbrunnens vor mir begleitet das Konzert. Hoch spritzen seine Wasserstrahlen gegen den Himmel auf, nur um dann strahlenartig wieder in die Tiefe zu stürzen. Leichte Nebelschwaden verbinden Wasser und Sonnenstrahlen zu einem wunderbaren Schauspiel.

Eine kurze, kühle Brise streicht mein Gesicht. Die Luft ist schwer. Es ist heiß und feucht. Ein Jugendlicher mit Stock und Rucksack geht langsam an mir vorbei. Tief in Gedanken versunken, scheint er mich nicht zu bemerken. Er umkreist den Teich vor mir langsam und bedächtig. Nun kommen vier lebhafte Buben auf mich zu.

„Is it possible to swim in this lake?", fragen sie mich. Offenbar wissen sie ganz genau, dass man hier nicht schwimmen kann, denn schon im nächsten Atemzug fragen sie mich, ob ich sie vielleicht nach Richmond Height bringen könne, denn dort könne man baden.

„Ich bin mit meinem Rad da und nicht mit dem Auto", sage ich. Schnell verlieren sie ihr Interesse an mir und laufen weiter.

Warum haben die Zikaden aufgehört zu zirpen? Forest Park! Auch du bist mir, Heimatloser, zur Heimat geworden, zum Fluchtpunkt vor schwer ertragbaren Gefühlsattacken.

„Niemals würde ich alleine durch den Forest Park gehen", höre ich meine Freundin Kalen sagen. „Viele Menschen sind hier schon überfallen worden." Doch ich habe keine Angst! Es ist hier, wo ich Erfüllung finde, in der Natur – und in der Kunst. Denn Heimat ist für mich, die Heimatlose, auch das Museum oben am Hügel, am Arts Hill. Dort fahren die Kinder im Winter Schlitten. Tagsüber brennt ein Lagerfeuer dort.

Warum bin ich weggezogen? Warst du mir nicht Heimat genug, Forest Park? Die Stimme meiner Freundin Carol klingt noch immer in meinem Ohr nach: „Why do you leave?" Warum wirklich? Warum bin ich gegangen? Ich weiß es nicht.

Ein berittener Polizist galoppiert auf dem Weg vorbei. Gelsen umkreisen mich und stechen auf meine von Poison Ivy schon angegriffene Haut. Es ist Zeit, diesen Ort zu verlassen, und ich radle nach Hause. Eva hat ein Abschiedsfest für mich geplant. Es wird im Haus meiner Freundin Louis stattfinden. Den Vortrag wird Mary, eine jungianisch inspirierte Klosterschwester, halten. Er handelt von der Künstlerin Remedios Varo, und der Titel lautet: *Die Reise nach innen.*

Evas Bon-Voyage-Geschenk artet zu einem wunderbaren Abend aus. Zwanzig Menschen sind anwesend, die meisten sind Freundinnen von mir. Bedeutungsschwere Worte kreisen in der Luft, zusammen mit Beschreibungen von Lebensumständen, die jede Einzelne und jeden Einzelnen von uns in irgendeiner Phase des Lebens zeigen.

Mary spricht von Versteinerungen, von Verholzungen und von der kreativen Umarbeitung von Energien. Sie schildert eine Reise zur Ganzheit. Remedios Varo hat oft Musik als Symbol verwendet, um die Suche nach Ganzheit auszudrücken. Ich liebe ihr Gemälde *Harmonie*, auf dem eine zauberhafte Gestalt, eine Art Geistwesen aus einer anderen Welt, auf der Wand vor der Musikerin sichtbar wird (Remedios Varo, *Harmonie,* Collection Eduardo F. Constantini).

Das Geistwesen steht für die Inspiration der Musikerin. Sie versucht, mit und durch Musik die unsichtbaren Fäden zu finden, die alle Dinge miteinander verbinden. Im Buddhismus spricht man von *Original Mind*, dem wahren Zuhause.

Auch ich werde in mein Geburtsland zurückkehren. Wird sich diese Rückkehr auch in meinem Inneren widerspiegeln? Werde ich nach Hause kommen und meine Wurzeln wiederfinden? Einmal habe ich meinen Zen-Lehrer gefragt, wo ich mein *ursprüngliches Gesicht* finden könne. Er hat mir geantwortet: „Überall kannst du es finden! Es kommt nur auf die Umstände an. *Zazen* (Anm. der Autorin: Sitzmeditation) ist jedoch der Schlüssel, um zum Nicht-Selbst zu gelangen.“ Seiner Auffassung nach ist es die unermüdliche Übung durch *Zazen,* die es uns ermöglicht, in die Welt der Stille einzutreten.

Mein Geist ist jedoch unruhig. Vor meinem inneren Auge steht ein anderes Bild. Ich stehe vor einem Tor, das die Form eines Vollmondes hat oder vielmehr die eines riesigen Schlüssellochs. Über dem Tor steht in arabischer Schrift:

Entwurzle
Dich!

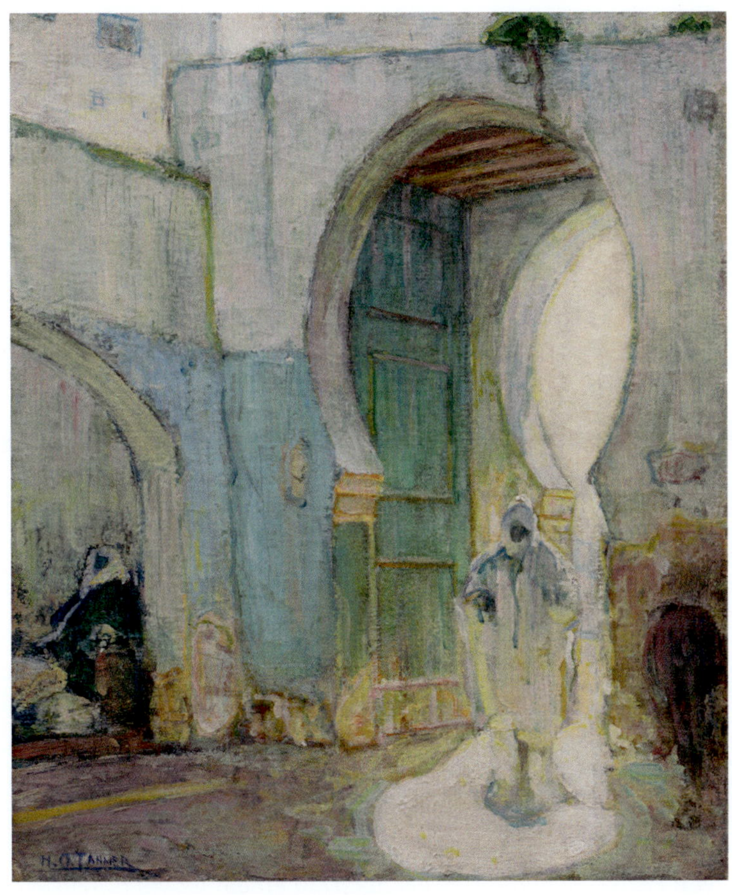

Bild 4, Henry Ossawa Tanner, *Gateway, Tangier*

Ich bin in einer Stadt in Marokko. Die Stadtmauer ist grünblau getüncht und weist violette Schattierungen auf. Ein geheimnisvolles weißes Licht fließt wie eine cremige Milch durch das Tor und hält sich auf dem Boden fest. Das Licht verhält sich wie der himmlische Schleier einer Braut, die sich im Inneren der Stadt befindet. Ich sehe, dass ein Mann auf ihren Schleier steigt. Dann löst der Mann sich in Licht auf. Er wird selbst zur Lichtquelle.

Was ist das für eine geheimnisvolle Pforte? Links davon befindet sich ein anderes Tor. Es ist viel kleiner und liegt im

Schatten. Unter diesem Tor sitzt, in sich zusammengesunken und erstarrt, ein anderer Mann. Meine Augen fixieren beide Figuren. Was hat das zu bedeuten? Weshalb zeigen sich mir gerade diese Bilder? Ich merke, wie fremd ich mich hier fühle. Ich kann weder mit dem Mann im Licht noch mit dem anderen Kontakt aufnehmen. Sie scheinen beide jeweils in ihrer eigenen Welt gefangen. Ich habe das Gefühl, gegen einen Spiegel zu laufen, einen Spiegel, der Tiefe verspricht, jedoch hinter dem Spiegel ist nichts zu finden.

Dieses Gefühl ist mir nicht fremd. Es ging einher mit einem Erlebnis, das ich als wohl dreijähriges Kind hatte. Ich lief in mein Zimmer, um etwas von der Psyche zu holen, dem niedrigen Kasten, auf dem ein großer Spiegel montiert war. Dort sah ich ein blondes Mädchen mit großen grünen Augen, das mir entgegenlächelte. Es verschwand hinter dem Spiegel, sobald ich mich ihm näherte. Das Kind war ich selbst.

Sind die beiden Männer in dem Bild womöglich keine Fremden, sondern Teil von mir selbst, ein Teil, mit dem ich mich nicht verbinden kann? Ist es wichtig, sie in mein Leben zu integrieren? Ich fühle mich von ihnen und der Umgebung abgetrennt, isoliert. In mir hat Unklarheit überhandgenommen. Auch der Spruch über dem Tor verwirrt mich. Die Suche nach mir selbst hat mich in meine Vergangenheit zurückgeführt, zu meinen Wurzeln. Doch die Inschrift über dem Tor spricht von *Entwurzeln*! Befinde ich mich auf einem Irrweg? Mein Weg liegt nicht mehr deutlich sichtbar vor mir. Wohin gehe ich auf meiner Suche nach Klarheit? Vielleicht meint die Inschrift ein Entwurzeln von Verblendung, von uralten, falschen Überzeugungen und übernommenen Verhaltensmustern, die nicht mehr in mein Leben passen? Mein Blick fällt noch einmal auf den in sich zusammengesunkenen Mann. Er scheint zu leiden. Warum? Ist der Schlüssel, der in dieses riesige Schlüsselloch passt, vielleicht mein eigenes Verstehen und die Einsicht in die Wurzeln seines Leidens?

Es wird Nacht

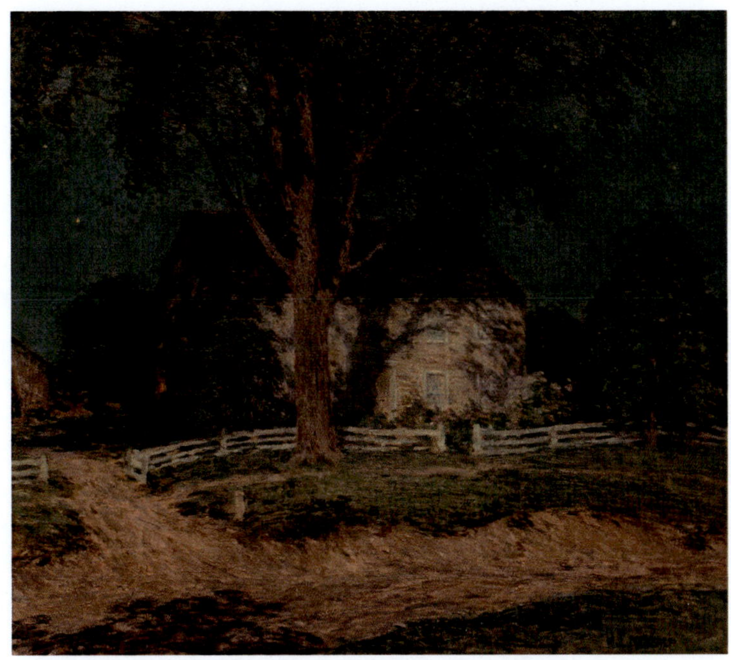

Bild 5, Willard Leroy Metcalf, *Old Homestead Connecticut*

Es wird Nacht. Sterne blinken in der Dunkelheit, und das Licht des Vollmondes strahlt auf einen mächtigen Baum, der seinen Schatten auf eine Hausmauer wirft. Aus einem der Fenster leuchtet ein warmes Licht. Es stellt eine Verbindung mit der Außenwelt her. Alle anderen Fenster und die Türe sind fest geschlossen.

Mein Blick fällt auf das Fenster hinter dem Baum, auf dem schwarze Papiervögel zum Schutz von lebenden Vögeln aufgeklebt sind. Zu meiner Verwunderung sehe ich, wie sich Flügel und Körper der Papiervögel nach rechts bewegen. Sie hinterlassen auf der Fensterscheibe eine Spur, wie von Weinbergschnecken gezogen. Plötzlich erhebt sich einer der Vögel und fliegt weg von dem Fenster. Die anderen Vögel folgen ihm nach.

Träume ich, oder ist das gerade wirklich passiert? Ich bin zutiefst verwirrt. Das war doch nur schwarzes Papier, ohne Substanz, nur eine flüchtige Idee! Mein Schock katapultiert mich zurück zu meinem Tisch mit den fünf Krapfen und den wunderbaren Tulpen. Dieser Anblick gibt mir wieder Sicherheit.

Meine Füße stehen fest auf dem Boden, meine Nase kann die wunderbaren Krapfen riechen, und ich spüre meinen Atem. Um mich mehr in der Welt der Sinne zu verankern, beschließe ich, nun endlich doch den schönsten Krapfen zu essen. In diesem Moment kommt meine Freundin mit einem strahlenden Lächeln um die Ecke. Ich liebe ihre Herzlichkeit und Wärme. Sie muss irgendwie gewusst haben, wo ich zu finden bin. Ich lade sie ein, mit mir einen Krapfen zu essen. Da wir noch immer nicht wissen, für wen diese Gebäckstücke eigentlich bereitgestellt worden sind, beschließen wir, einen zu teilen. Ich nehme ein Messer, suche das Loch, durch das die Marmelade hineingespritzt worden ist, und teile den Krapfen in zwei Hälften. Die Marillenmarmelade liegt wie ein satter orangefarbener Vollmond in der Mitte des weißen Kuchens. Halbmondförmig breitet sich die weiße Zuckerdecke über der hellbraunen feinen Kruste aus. Das Wasser rinnt mir im Mund zusammen. Dieses Gebäck hat man schon im 12. Jahrhundert gegessen. Bis heute hat es nichts an Beliebtheit verloren. Vorsichtig nehme ich meine Hälfte und passe auf, dass keine Marmelade heruntertropft. Dann beiße ich in den Vollmondwolkenkuchen hinein. Die kühle, etwas säuerliche Marillenmarmelade vermischt sich mit dem weichen, süßen Gebäck in meinem Mund zu einem Fest der Sinne. Silvia genießt den Krapfen genauso wie ich. Wir lassen uns Zeit. Danach erzähle ich ihr von meinem Erlebnis mit den Vögeln und den anderen geheimnisvollen Dingen, die mir in letzter Zeit passiert sind.

„Ach“, sagt sie, „was für ein Zufall! Ich denke, ich habe den richtigen Text für dich dabei!“

Danach liest sie mit klarer Stimme einen kurzen Text von Albert Einstein vor:

Das Schönste und Tiefste, was ein Mensch erleben kann, ist das Gefühl des Geheimnisvollen. Es liegt der Religion sowie allem tiefen Streben in Kunst und Wissenschaft zugrunde. Wer dies nicht erlebt hat, erscheint mir, wenn nicht wie ein Toter, so doch wie ein Blinder.
Zu empfinden, dass hinter dem Erlebbaren ein für unseren Geist Unerreichbares verborgen sei, dessen Schönheit und Erhabenheit uns nur mittelbar und im schwachen Widerschein erreicht, das ist Religiosität.

Ich bin begeistert! In diesem Text findet sich jene geheimnisvolle Spur, die man in hellen Momenten höchstens erahnen kann. Hier meldet sich der Geist der Tiefe, ein Geist, der sich in der Menschheit durch Schönheit und Erhabenheit in Tausenden von Jahren immer wieder ausgedrückt hat.

„Hast du Zeit, ins Kunsthistorische Museum zu gehen?“, frage ich meine Freundin. Wir lieben den Ort beide sehr. Natürlich hat sie Zeit. Ein Zahlenspiel bringt uns vor ein römisches Kunstwerk aus dem Zeitraum vom dritten bis zum fünften Jahrhundert nach Christus (Platte, Bein, Nereide und Triton, Koptisch, Spätantike, Kunsthistorisches Museum Wien).

Eine dünne Knochenplatte in einer Größe von 25 mal 10 Zentimetern liegt wie eine alte vergilbte Haut vor mir, eine Haut voller Sonnenflecken und Falten, die sich einem Lächeln verdanken. Irgendwann hat sich ein Sprung gebildet, der von der Mitte links nach unten führt und Triton mit einer nackten, auf den Wellen schwebenden Nereide und einem Seepferdchen verbindet. Triton und die Nereide stehen zudem noch durch ihre Blicke und ihre Gestik in einer engen Beziehung. Die Nereide wendet sich graziös dem Gott des Meeres zu, der seinerseits ihren Blick aufnimmt. Ich folge ihrem rechten, ausgestreckten Arm hinüber zu dem mächtigen, aus dem Meer aufrecht herausragenden Triton und höre sie fast sagen: „Das ist mein Herr, mein Gebieter und mein Schicksal!"

Ihr linkes Bein ist ausgestreckt und berührt seine Hüfte, die mit einem lederartigen, sackähnlichen Rockgürtel umgürtet ist. Triton, der ihr seinen Rücken zugewendet hat, hat ihr seinen Kopf zugedreht, um ihr Beachtung zu schenken. Er ist mit einer Tunika bekleidet, die auch seine linke Hand verdeckt. Es scheint so, als würde er durch die Geste seiner linken Hand Schutz vor ihrem Blick suchen. In seiner Rechten hält er seinen Stab. Sie dagegen breitet ihre Arme aus und lässt den Wind ihre Haut streicheln. Ein Tuch windet sich wie ein Segel über ihren rechten Arm hinauf zum Kopf und wird – mit äußerster Anmut und ganz ohne Anstrengung – von ihrer linken Hand gehalten. Auch das Seepferdchen, das sich sanft aus den Fluten erhebt, ist ein Bild voll von Anmut. Nur ganz oben rechts bezeugt ein fast verschwindender roter Fleck von vergangenen Dramen und gefährlichen Kämpfen. Es ist ein vergilbtes Gesicht, in das sich längst vergessene heftige Gefühlsausbrüche und ausgestandene Leidenschaften eingegraben haben.

Ich fühle, dass es kein Zufall sein kann, dass wir zu diesem antiken Kunstwerk gelangt sind. Die Eleganz und Leichtigkeit der Nymphe berühren mich sehr! Für sie ist der rote Fleck nicht vorhanden. Doch ich sehe beides. Der Gegensatz zwischen reiner Lebensfreude und Verbitterung ist auch hier klar zu erkennen. Wo sind in mir lebensfeindliche Gefühle, die manchmal aus meiner Tiefe unerwartet ausbrechen? Was hält mich davon ab, wie die Nereide in Leichtigkeit und Anmut zu leben?

Ich denke an ein Erlebnis, das erst kürzlich passiert ist. Ich war bei einem Silattraining, einer Kampfkunst aus Südostasien. Der Lehrer ist eigens aus Bali gekommen, um mit uns zu praktizieren. Ich hatte längere Zeit nicht mehr mit der Gruppe geübt und war völlig überfordert, die schwierigen Übungen nachzumachen. Ich hätte Zuspruch und Ermunterung gebraucht. Stattdessen sagte er herablassend: „You need more practice, there is a beginner's group, you can train to catch up." Er hatte recht! Diese Gruppe war für mich zu fortgeschritten. Doch anstatt es zu akzeptieren, stiegen Tränen in mir auf, die ich kaum zurückhalten konnte.

Es waren die Worte meines Vaters, die ich hörte: „Du hast zwei linke Hände! Wie kann man nur so dumm sein!" Es war das verwundete Kind, das sich gemeldet hatte. Als ich fünf Jahre alt war, spielte ich mit einem großen Messerrad, das Stroh zerkleinerte. Das Rad war offen zugänglich und nicht abgedeckt. Ich drehte es im Kreis und war mir nicht bewusst, dass dieses Messer mich verletzen hätte können. Ich drehte es schneller und schneller, bis ein Messer drei Finger von meiner linken Hand abhackte. Sie hingen nur mehr an meiner Haut. Gottseidank konnte ein genialer Chirurg die Finger wieder annähen. Meine linke Hand verband ich seither mit den herabsetzendenden Worten meines Vaters und mit allem, was mir nicht gelang.

Ein leichter Windstoß bringt mich wieder in die Gegenwart. Noch sitzt – durch meine Rückkehr in die Vergangenheit – Traurigkeit in meiner Kehle. Ich fühle mich alleine und verlassen. Mit einem Male spüre ich auf meiner rechten Schulter eine sanfte, unaufdringliche Berührung. Intuitiv weiß ich, dass diese Berührung von meiner Großmutter stammt. Ich kann sie nicht sehen, spüre aber, wie sie mich an der Hand nimmt und in eine fremde Stadt führt. Meine Neugier auf etwas Neues ist wieder geweckt.

Ich schlendere durch enge gewundene Straßen, vorbei an Blumengeschäften mit überquellenden Herbstblumen, Schokoladengeschäften, Boutiquen mit exquisiten Herbstmoden und Bäckereien, aus denen der Duft von frisch gebackenem Brot auf die Straße strömt. Jemand gibt einem Bettler etwas Geld und spricht ein paar freundliche Worte mit ihm. Der Bettler schenkt ihm sein Lächeln und seine Dankbarkeit. Es findet ein Ausgleich statt. Plötzlich erfüllt ein gewaltiges Glockengeläute die Straßenzüge – wie eine riesige Welle. Die Vibration dringt bis in mein Innerstes ein. Ich gehe diesem Ton nach und komme zu einer Kathedrale, deren Turm wie ein einzelner, mahnender Finger einer abgehackten Hand in den Himmel ragt. Er erinnert mich an meine eigene, einst schwer verwundete linke Hand (Straßburger Dom).

In der Innenfläche dieser Hand liegt, tief eingegraben und im Mittelpunkt, eine prachtvolle Fensterrose.

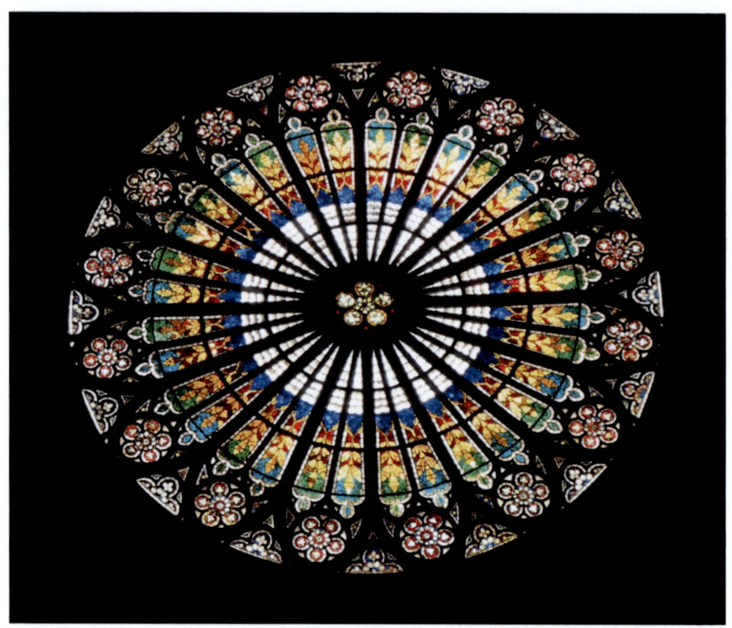

Bild 6, Straßburger Dom, *Fensterrose*

Feine Linien weben sich wie ein Spinngewebe von innen nach außen und verlängern ihre Fäden bis zu mir. Vor meinem inneren Auge entstehen Schriftzüge mit folgenden Worten:

Ich bin die linke Hand, die Zärtlichkeit und Liebe bringt.
Meine Aufgabe ist, aus Mitgefühl zu handeln.
Ich habe kosmische Bedeutung!
Liebe, schätze, ehre mich!

Ich beschließe, in dieses geheimnisvolle Haus hineinzugehen, und finde mich in einer riesigen gotischen Halle wieder. Ganz vorne im Osten sitzt die Königin des Himmels und hält ihren Sohn auf ihrem Schoß. Sie ist gekrönt mit einem rubinroten Heiligenschein. Licht umgibt sie, das alle Farben widerspiegelt. Segen und Trost gehen vor ihr aus, jedoch nicht alle scheint ihre Botschaft der Liebe zu erreichen.

Ganz oben im Seitenschiff links von ihr befinden sich vier übergroße, männliche Köpfe. Sie sind im gotischen Kreuzgewölbe gefangen und schauen mit Entsetzten in alle vier Himmelsrichtungen. Körperlos, mit weit aufgerissenen Augen und zusammengezogenen Augenbrauen rasten sie auf einer runden Platte. Tiefe Ringe haben sich unter ihren Augen eingegraben. Sie schreien vor Angst. Es sind Schreie wie von Tieren, die kurz vor der Schlachtung stehen. Hier, in diesen luftigen Höhen, können sie die Himmelskönigin nicht sehen. Sie wissen nichts von Liebe, Schönheit und der möglichen Befreiung aus ihrer Not. Ein goldener Eichenkranz umgibt sie, das Symbol für Erlösung. Sie sehen jedoch nur einander. Sie erkennen wie ein Fisch in einer Wasserlache, die kurz vor dem Austrocknen ist, dass ihr Leben zu Ende geht. Ihre Köpfe scheinen in Flammen zu stehen.

Obwohl sie mich nicht sehen können, nehmen sie Kontakt mit mir auf und brüllen mir zu: „Vergiss uns nicht! In uns ist das Leiden von Tausenden, die im Spital des Antoniterklosters qualvoll gestorben sind. Niemand hört mehr unsere Schreie. Werde dir der Vergänglichkeit gewahr:

Schaue und erkenne,
beschreibe, was du siehst!“

Also mache ich mich auf den Weg. Wie immer, gehe ich zu Fuß und erreiche das ehemalige Spital, von dem mir die Köpfe erzählt haben. Ich habe Kugelschreiber und Papier mit dabei und beschreibe, was ich sehe. Ins Auge fällt ein riesiges Altarbild. Ich setze mich hin und lasse es auf mich wirken.

Truth and Suffering

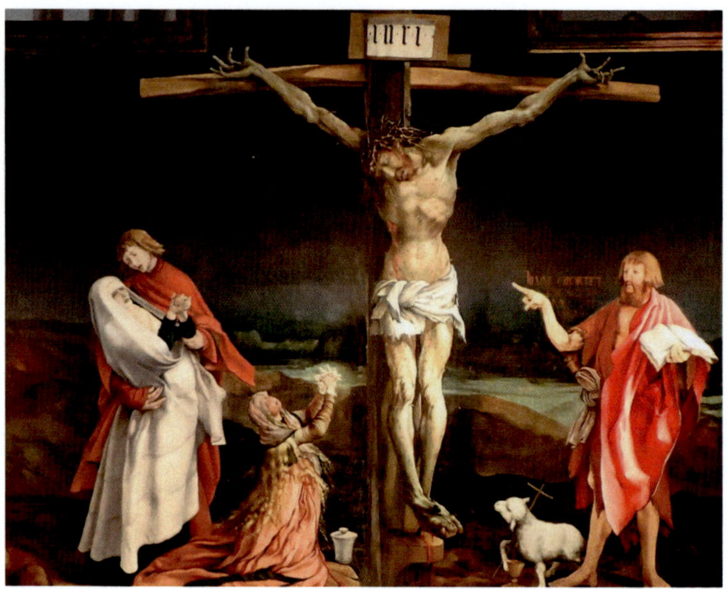

Bild 7, Matthias Grünewald, *Isenheimer Altar*

Am Anfang sehe ich nur Dunkelheit. Ein plötzlicher Blitz erleuchtet die nächtliche Szene und zeigt für eine Sekunde das Schicksal eines Menschen – die Kreuzigung. Riesige Hände spreizen die Finger nach oben und schreien mit dem restlichen Körper: „Es ist genug!“ Die Buchstaben INRI über dem geneigten Kopf des Gekreuzigten weisen spöttisch auf die Identität des Gekreuzigten hin. Er sei der *König der Juden*.

Die Krone, die er trägt, ist eine Dornenkrone. Nur ein schmutziges, zerrissenes Lendentuch bedeckt seinen sonst nackten Körper, der mit dunklen, blaugrünen Flecken übersät ist.

Seine Mutter Maria leidet mit ihm. Bleich wie ihr weißes Gewand sinkt sie bewusstlos in die Arme des fürsorgenden Johannes. Sie hält den unerträglichen Schmerz wie ein kleines schlagendes Herz in ihren beiden gefalteten Händen fest. Maria Magdalena neben ihr streckt dem Gekreuzigten die Arme entgegen, ihre Haare und ihre Kleidung fallen als Ausdruck purer Verzweiflung wie winzige, zitternde Nervenzellen dem Boden zu. Das Alabastergefäß mit der Heilsalbe neben ihr ist nutzlos, denn der Tod hat erbarmungslos zugegriffen. Jesus Christus scheint auf diesem Altarbild die gleichen höllischen Schmerzen wie die Kranken in diesem Krankenhaus zu erleiden. Ihr Leiden, *Ergotismus*, ist hervorgerufen durch eine Entzündung durch die Einnahme von dem Mutterkornpilz *Claviceps purpurea*. Die Krankheit wird im Volksmund *Antoniusfeuer* genannt. Ich denke an die Qualen, die als Folge dieser Krankheit auftreten, an das Abfaulen und Abfallen von Gliedern, da passiert plötzlich etwas Magisches: Eine unsichtbare Hand scheint den linken Altarflügel zu öffnen. Dadurch wird der rechte Arm von Christus von seinem Körper abgetrennt. Mein Blick fällt auf die Figur rechts von Christus, auf Johannes den Täufer, der mit übergroßem Zeigefinger auf folgende Worte zeigt:

Illum oportet crescere me autem minui
(Jener muss wachsen, ich aber kleiner werden.)

Die Botschaft war für die an Ergotismus erkrankten Patientinnen und Patienten gedacht, deren letzte Hoffnung Jesus Christus war, der große Heiler und Helfer.

Ich bemerke, dass der Zeigefinger von dem heiligen Johannes eine markante Ähnlichkeit mit dem in den Himmel hinaufragenden Turm der Kathedrale hat. Beide zeigen auf etwas, das über dem menschlichen Leiden liegt. Hat mich meine Großmutter hierhergeführt, um mir zu zeigen, dass es einen Weg der Befreiung aus meinem Leiden gibt?

Wie durch ein Wunder öffnet sich nun der rechte Flügel des Altarbilds, und der Nachthimmel wird von einem strahlenden Licht erhellt. Quelle des Lichts ist ein Mensch, der aus der Dunkelheit aufsteigt. Es ist der Auferstandene. Ein mächtiger Wind

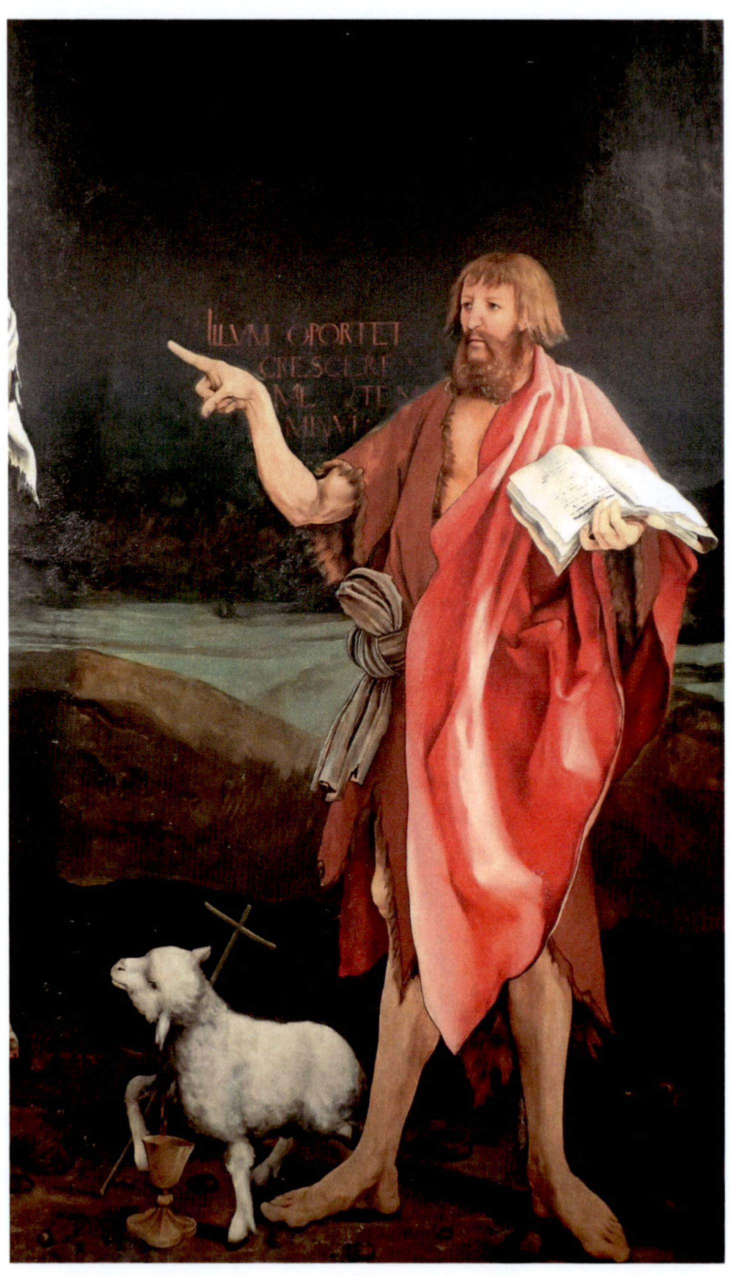

Bild 8, Mathias Grünewald, *Isenheimer Altar, Hlg. Johannes*

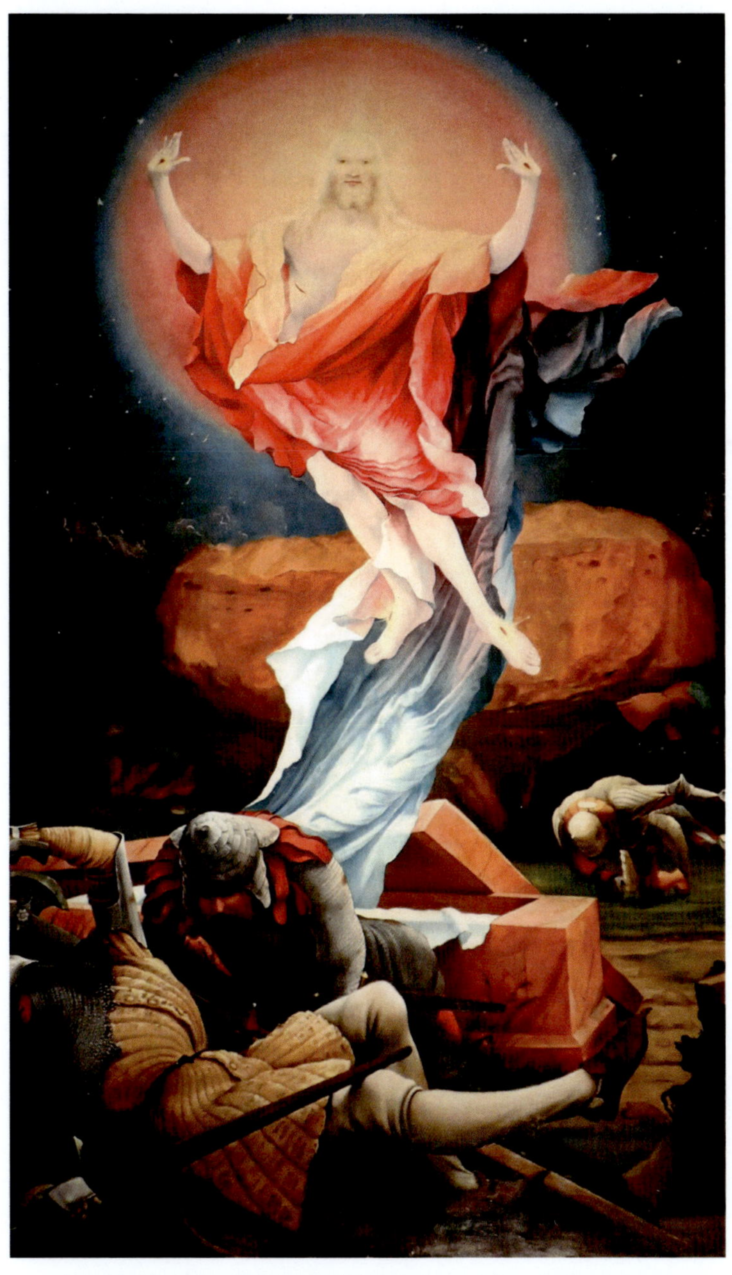

Bild 9, Matthias Grünewald, *Isenheimer Altar, Auferstehung*

lässt das blaue Tuch gegen den Himmel aufwirbeln. Das Blau verwandelt sich am oberen Ende des Tuches in Schattierungen von Violett, Rot, Orange und Gelb. Körper und Kopf sind von einem Lichtkreis umgeben, dessen Innerstes von goldgelber Farbe erfüllt ist. Von hier strahlen zwei Augen bedingungslose Liebe aus. Keine einzige Wunde ist geblieben, außer winzigen Tropfen von Blut auf den Innenseiten seiner Hände und auf seinen Füßen. Jedoch auch sie erstrahlen in einem goldgelben Licht.

Die Kraft des Lebens hat die Gruft geöffnet und den schweren Stein weggeschoben. Grenzenloses Licht und Liebe erhellen den Raum. Ich höre eine laute Stimme, die spricht:

I am the fountain of fullness
That flows, overflows and
Fills all things in one
Exclusively
Positive
Direction

I am love.[2]

Über dem Altar erscheinen Schriftzeichen in goldener Schrift. Sie werden von einem geheimnisvollen Wind aus dem Nichts geblasen und lösen sich sofort wieder ins Nichts auf.

Augen, die sehen!
Der Himmel bricht durch
die Fensterrose
des mächtigen Kosmos.

Das Weltenauge –
ein goldener Feuerkreis
umgeben von kühlenden Wellen
der Ozeane.

Stein, der sich entschwert
und zur Feder wird,
getragen vom Hauch
des großen Geistes.

Reine Gegenwart
die in
unendliche Weltenräume
emporhebt.

Tanz der Farben –
ein Auge zwischen den
beiden Augenbrauen,
Licht im Dunklen.

Sprachlos erfasst es
den, der versteht
ES.

Die Aufforderung, zu sehen und zu verstehen, gewinnt an Dringlichkeit. Rilkes Worte in den *Aufzeichnungen des Malte Laurids Brigge* kommen in mein Bewusstsein. Er sagt: „Ich lerne sehen. Ich weiß nicht, woran es liegt, es geht alles tiefer in mich ein und bleibt nicht an der Stelle stehen, wo es sonst immer zu Ende war." Offensichtlich ist nicht das gewöhnliche Sehen gemeint, sondern es geht darum, tiefere Bedeutungen hinter den gewöhnlichen Dingen zu erfassen. Ich fokussiere mich auf die Stelle zwischen meinen Augenbrauen und warte, was passieren wird.

Ein junger, vollbärtiger Mann erscheint vor meinem inneren Auge und steigt aus einem braungrünen Hintergrund heraus. Gelassen lehnt er sich mit seinem rechten Arm an einen Tisch, auf dem ich ganz verschwommen eine Reiterstatue wahrnehme. Sein bleiches, längliches Gesicht steht in starkem Kontrast zu seinen schwarzen, streng geschnittenen kurzen Haaren. Leblos und traurig schauen seine dunklen Augen in meine Richtung,

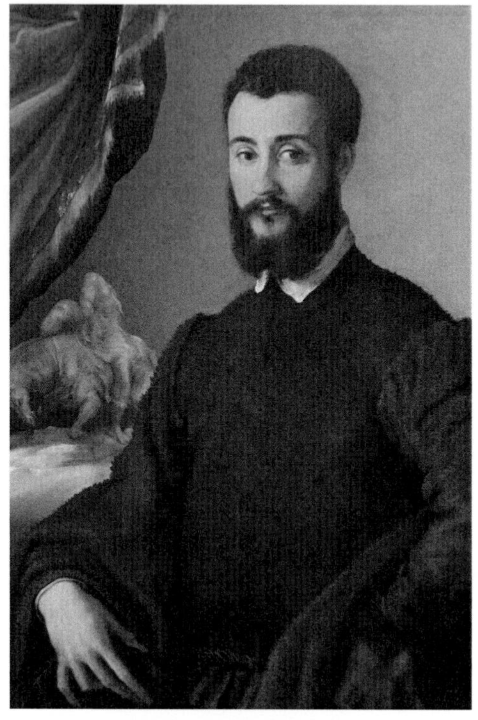

Bild 10, Francesco Salviati,
Bildnis eines Mannes aus der Familie Santacroce

Augen, die mich an vermodertes, dunkelbraunes Laub erinnern. Abgetrennt von seinem Körper, scheint sein Kopf auf dem weißen Kragen zu sitzen. Was mir besonders auffällt, ist seine rechte bleiche Hand mit den dünnen, langen Fingern, die kraftlost herunterhängt. Ich spüre in diesem jungen Mann eine tiefe Traurigkeit, gleichzeitig aber auch einen gewissen Dünkel von Besonderheit. Hinter dem schweren grünen Samtvorhang rechts oberhalb von ihm sehe ich seinen Familiennamen *Santacroce*, das *Heilige Kreuz*. Was hat ihm seine Lebendigkeit und Vitalität genommen? Er scheint kaum noch Kontakt zu seinem Körper zu haben. Wurde er als Kind darauf trainiert, eine bestimmte Rolle zu erfüllen, eine Rolle, in die er nicht hineinpasste und der er nicht Folge leisten konnte? Um ein gewisses Ansehen und Status zu erhalten, wird in einer Familie oft vieles verdrängt und geheim gehalten. Ist das der Grund für seine Traurigkeit?

Sein Gesichtsausdruck erinnert mich an Abbildungen von einigen meiner männlichen Ahnen – schwermütig und hochmütig zugleich. Wie viel Mist hat sich wohl schon über Generationen durch ständige Verdrängung und Vertuschung in seiner Familie abgelagert? Er würde wahrscheinlich die Kraft und Klugheit eines Herkules benötigen, seine Identität von übernommenen Illusionen, Gier und Hass zu reinigen. Herkules musste als Sühne für begangene Taten zwölf Aufgaben vollbringen. Eine davon war die Reinigung des Rinderstalles des Augias, König von Elis. Herkules schaffte diese Aufgabe, indem er zwei Flüsse durch den Stall leitete. Je mehr ich diesen jungen Mann betrachte, desto schwerer wird mir selbst ums Herz. Ich spüre so viel Traurigkeit in ihm! Wo liegt seine Befreiung von all dem angesammelten Mist? Wie schaut seine Herkulesarbeit aus, um zu einem gesunden Selbst zu gelangen? Ist es vielleicht die Botschaft *Entwurzele dich* über dem Tor in Marokko, die auch ihm den Weg zur Befreiung vom Leiden zeigen würde? Meine Großmutter fällt mir wieder ein. Sie hat mich in einer subtilen Weise zur Kreuzigung geführt. Die Worte *Jener muss wachsen, ich aber kleiner werden* klingen noch in meinem Ohr nach. Was ist es, das kleiner werden muss, damit das andere wachsen kann? Erst jetzt sehe ich, dass sein Blick auf einen roten Marmorboden fällt, auf dem in weißer, zierlicher Schrift folgende Worte stehen:

Weiße Rosen,
sechs an der Zahl,
lasse sie fallen
In das tiefe, braune
Erdloch,
wo die Urnen
der Ahnen stehen.

Abschied

Er wird aufgefordert, in Dankbarkeit für sein Leben seinen Ahnen weiße Rosen zu schenken. Gleichzeitig ist es eine Aufforderung, sich von ihnen zu verabschieden. Um erkennen zu können, wer er wirklich ist, muss er sich von all den übernommenen Familienmustern entwurzeln. Was jedoch muss wachsen? Wieder konzentriere ich mich auf die Stelle zwischen meinen Augenbrauen, und ein anderes Bild schiebt sich wie eine Gondel auf dem Canale Grande vor mein inneres Auge.

Bild 11, Peter Paul Rubens, *Selbstbildnis*

Vor mir erscheint das Bild eines schon älteren Mannes in vornehmer schwarzer Kleidung. Ein ebenso schwarzer Hut mit riesiger Krempe sitzt keck auf seiner rechten Kopfseite und betont noch mehr seine Präsenz! Seine aufrechte, stabile Haltung gleicht der Marmorsäule rechts neben ihm und vermittelt Stärke und Stabilität. Eine weiße Halskrause umrahmt sein blasses, längliches Gesicht. Er scheint kurz vor dem Ausgehen zu sein und wirft noch einen letzten Blick in den Spiegel. Ruhig liegt seine linke Hand auf einem Degen, über seine rechte hat er einen braunen Lederhandschuh gezogen. Sie ruht auf einem Stock. Seine Hände stahlen Tatkraft aus. *Ich bin ein Genie,* scheinen sie zu sagen.

Herablassend schaut er dorthin, wo ich stehe. Gelocktes, braunrotes und dichtes Haar fällt über seine linke Gesichtshälfte, die sich durch einen kurzen Blick zur Seite ins volle Licht begibt. Sein schütterer, rötlicher Schnurrbart und der kokette Spitzbart, der einen Schatten auf die blütenweiße Halskrause wirft, sind das Einzige, das ein Eigenleben zeigt und ungezähmt wirkt. Mit einer leicht hochgezogenen linken Augenbraue scheint er zu sagen: „Ich weiß, wer ich bin und was ich kann. Niemand braucht mir Anerkennung geben, denn ich bin die Anerkennung selbst." Er braucht keine Zustimmung mehr von seiner Familie und seiner Umgebung. Er hat es geschafft, der Welt zu zeigen, wer und was er ist – ein Genie! Ein Versuch, mich mit ihm in Verbindung zu setzen, misslingt und lässt mich folgende Frage stellen: Ist dieses starke, unbeugsame Ich das Ziel meines Weges? Er scheint die höchste Form von Identität erreicht zu haben. Der Spiegel, in dem er sich betrachtet, reflektiert seine gewachsene, über die Lebensjahre geformte, starke Persönlichkeit. Doch die Worte des Johannes können nicht auf das Wachsen von Identität hingedeutet werden. Sie müssen etwas Tiefgründigeres meinen. Diese Gedanken lassen mich an die zwei Bestandteile eines Spiegels denken – das Glas und dahinter die dünne, glatte Metallschicht. Das Glas kann alles reflektieren, wenn die dahinterliegende Schichte einfach nur Metallschichte ist, ohne besondere Eigenschaften. Kleiner zu werden bedeutet somit, sich selbst zu vergessen, selbstlos zu leben, damit der

Spiegel das grenzenlose Sein reflektieren kann. Was bedeutet selbstlos zu sein für mich? In seiner höchsten Form ist es die Fähigkeit, nichts mehr persönlich zu nehmen, sich nicht mehr mit *mein* zu identifizieren. Es ist dieses selbstlose Wesen vor meiner Ichwerdung, das ich suche. Ist dieser stattliche Mann daran interessiert, hinter den Spiegel zu schauen? Ich weiß es nicht.

Meine Gedanken werden von einem kurzen Hundegebell unterbrochen. Da ich mit dem stattlichen Mann vor dem Spiegel keine Verbindung aufnehmen kann, beschließe ich, in die Richtung des Gebelles weiterzugehen. Ich komme in einen Garten.

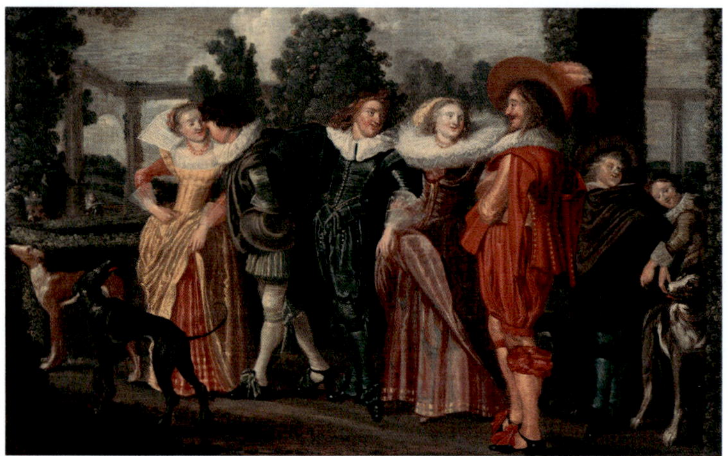

Bild 12, Dirck Hals, *Spaziergang im Garten*

Ein fröhliches Gezwitscher empfängt mich schon am Eingang. Die Vögel sitzen versteckt in den Ästen der mächtigen Bäume, über denen sich ein prachtvoller Himmel ausbreitet. Eine Gruppe von Menschen spaziert an mir vorbei und bleibt vor antiken Torbögen stehen. Sie benehmen sich ganz so, als wären sie in einem schlechten Theater, gekünstelt, steif und rigide. Ihr feines Schuhwerk mit voluminösen Seidenmaschen verrät, dass sie nur kurze Strecken auf den manikürten Wegen gehen werden. Ein in rote Seide gekleideter junger Mann fällt mir besonders auf.

Er trägt einen orangeroten Hut, der mit einer weißen Feder geschmückt ist. Selbstzufrieden und aufgeblasen wie ein stolzer Hahn blickt er in die Ferne. Die junge Frau rechts von ihm, auch in rote Seide gekleidet, schaut ihn anbetend an. Dabei hebt sie mit ihrer rechten Hand den äußeren Teil ihres Kleides. Diese Bewegung ist noch koketter als ihr Blick. Auch der in grüne Seide gekleidete Mann rechts von ihr – vielleicht ist es ihr Bruder, denn sie schauen sich sehr ähnlich – wirft bewundernde Blicke auf den stattlichen Mann mit Hut. Ein dritter Mann, auch in Seide gekleidet, schenkt seine gesamte Aufmerksamkeit der jungen Frau rechts von ihm. Mit aufmunterndem Blick schaut sie ihn an, indem sie gleichzeitig ihren gelben, seidenen Überrock mit ihrer linken Hand in Hüfthöhe hochzieht. Die Falten des Rockes und der darunterliegende rote Stoff formen die Umrisse einer Vulva. Dem jungen Mann neben der hübschen Dame scheint die Eindeutigkeit jener Geste zu entgehen. Er hat sein Gesicht förmlich in ihrem vergraben. So sieht er auch ihre rechte Hand nicht, die sie in die Hüfte stemmt, ganz, als wollte sie sagen: „Ich habe noch immer die Hosen an!" Nur ein junges Mädchen, das ihren Kopf sanft auf die rechte Schulter eines auch noch sehr jungen Burschen legt, scheint an keiner Künstlichkeit interessiert zu sein. Beide stehen hinter der Gruppe im Schatten. Sie füttert mit ihrer linken Hand den Hund neben ihr und schaut ihn mit liebevollen Blicken an. Doch plötzlich wendet sich der Hund von dem Mädchen ab und beginnt, in meine Richtung zu laufen. Ihre Zuneigung zu dem jungen Burschen neben ihr ist anscheinend größer als die Sorge um den Hund. Noch enger schmiegt sie sich an ihn und ruft nur ganz kurz seinen Namen: „Beauty!" Der Hund hört nicht auf sie und läuft weiter. Beauty, das war der Name des Hundes meiner Urgroßmutter! Sogar ein Ölbild wurde einmal von ihm gemalt! Welch ein Zeichen! Ich folge seiner Spur. Er bringt mich in den Park meiner Kindheit.

Wir laufen durch eine geschnittene Heckenallee und erreichen einen kleinen runden Platz, in dessen Mitte eine große Terrakottaschale steht. Sie ist bepflanzt mit leuchtend roten Pelargonien und grünem Asparagus. Von diesem Platz führt ein

Weg in den unteren Teil des Parks. Eine mächtige Linde spreizt ihre Arme dem Erdboden zu und bildet ein natürliches Dach. Einmal im Jahr fand hier unter der Linde ein evangelischer Waldgottesdienst statt. Auf diese Linde bin ich oft als Kind hinaufgeklettert. Beauty bleibt jedoch nicht stehen und läuft in den hinteren Teil des Parks zu einem mit Efeu überwachsenen Gesteinshügel, auf dem ein weißer, quadratischer Stein liegt. Hier wurde der Hund Beauty vor über 150 Jahren begraben. Sein Name ist mit schwarzen Buchstaben im Stein eingeritzt. Zu meiner Überraschung sehe ich auf der Rückseite des Steines noch eine Inschrift, die mir bislang nicht aufgefallen ist:

Ich sah nur fallende Blütenblätter,
weggeweht vom Wind.
Wie hätte ich wissen können, dass der Garten
grüne Schatten so viele sind?[3]

Gleichzeitig bemerke ich in ein paar Metern hinter dem Grab ein Rohr, aus dem stinkendes, dunkelbraunes Abwasser in den Parkbereich fließt. Auch diesen Kanal habe ich in meiner Kindheit nie wahrgenommen. All diese Jahre scheint der Garten jedoch die Abwässer gut aufgenommen zu haben. Wahrscheinlich ist die Jauche auch guter Dünger für Bäume und Pflanzen. Was wollte mir Beauty zeigen? Vielleicht, dass das Leben weit größer ist als die Realität, die ich unmittelbar wahrnehme? Urteile und verurteile ich zu schnell? Hat mir Beauty gezeigt, dass hinter der Fassade von Gekünsteltheit, Gefallsucht und Begierde die Sehnsucht nach inniger Verbundenheit steckt? Unzählbar sind die Schatten im Garten und unermesslich ist die Welt, in der ich lebe. Ist es das, was ich sehen muss?

Ich höre Stimmen und Tanzmusik. Wahrscheinlich stammt beides vom Kirtag, der einmal im Jahr im Dorf abgehalten wird. Ich gehe hinauf in den oberen Teil des Parkes und von dort zum Dorfplatz.

„Kum Resl, heit is Kirtog! Tonz mit mir!“, höre ich eine männliche Stimme sagen.

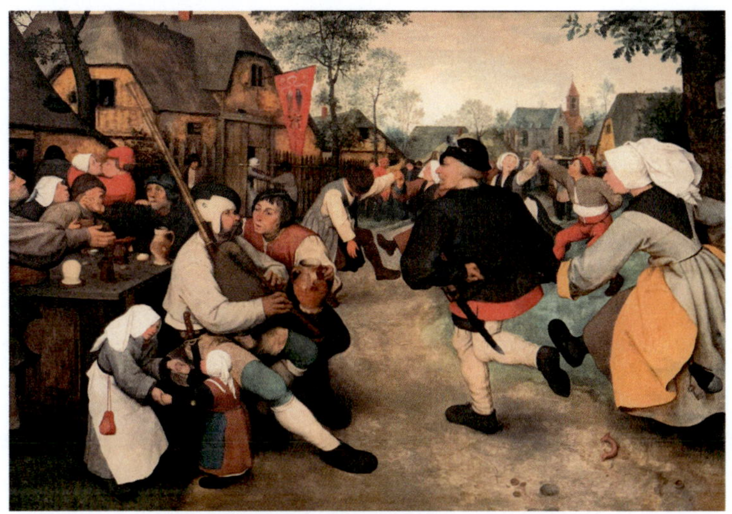

Bild 13, Pieter Bruegel d. Ä., *Bauerntanz,*

Ich sehe einen Mann und eine Frau aus ihrem Haus herauslaufen. Seine rechte Hand hält ihre linke, und im fliegenden Eilschritt laufen sie zum Dorfplatz, wo andere Bauern schon kräftig ihre Beine schwingen. Selbstbewusst zeigt er seine Wichtigkeit, indem er seine linke Hand in die Hüfte stützt und Resl quasi als sein Eigentum nachzieht. Seine Frau hat zwar Geld und Macht im Haus – Geldbeutel und Schlüsselbund baumeln von ihrer Hüfte –, doch draußen im Dorf vor allen anderen ist er ihr Herr.

Seinen Löffel hat er auf seinen dunklen Filzhut gesteckt, damit er überall und jederzeit essen kann. Auch ein langes Messer ist sichtbar, umgegürtet steckt es in einem Schaft und zeigt seine Potenz an. Sein Wille, zu diesem Tanzkreis zu kommen, ist groß. Kurz fällt sein Blick auf ein Paar, dass hinter dem langen Festtisch in enger Umarmung steht und sich küsst. Derbe Worte entfliehen seinem Mund, Worte, die nur seine Resl hinter ihm hört. Sie ist an seine Sprache gewöhnt und ignoriert es.

Grölend sitzt sein Freund am Festtisch. Den Filzhut hat er tief ins Gesicht gezogen. Seine Frau hinter ihm lauscht mit stumpfsinniger Aufmerksamkeit den für sie unverständlichen Worten, die nur mehr wie eine Art Lallen klingen. Er ist komplett betrunken. Auch der Nachbar neben ihm kann kaum mehr einen vernünftigen Satz sprechen. Auf der Bank ganz vorne bläst ein Dorfbewohner hingebungsvoll in seinen Dudelsack. Niemand scheint ihm jedoch zuzuhören, auch nicht der Mann unmittelbar neben ihm. Er hat einen riesigen Trinkkrug auf seinem rechten Oberschenkel abgestellt und möchte die Aufmerksamkeit des Dudelsackspielers erlangen. Doch er hat keine Chance. Er ist in seine Musik versunken. Wie ein großer Dunstkreis scheint sich der Alkohol über das ganze Dorf gelegt zu haben. Selbst die beiden kleinen Kinder sind davon nicht ausgenommen. Sie ähneln in ihren Posen und Gesichtszügen den Erwachsenen und passen sich vollkommen an.

Auch hier ist Verbundenheit zu spüren. Das Bindeglied ist ein Übermaß an Alkohol, aber auch Tanz und Musik. Jahrelang habe ich als Kind diese Kirtage geliebt. Jetzt spüre ich nur mehr reine Abneigung. Warum? Könnte es sein, dass ich meine eigenen Abneigungen betrachten muss? Noch genauer gesagt, meine Abneigung gegen Abneigung, denn ich verurteile gleichzeitig meine Aversion. Vielleicht ist es eine Aufforderung, als Erwachsene wieder mit den Augen eines Kindes die Welt zu sehen – eine Welt voll von Wundern und neuen Entdeckungen, eine Welt voll von Schönheit? Bei diesem Gedanken sehe ich Beauty um die Ecke kommen. Vor Freude, dass sie mich sieht, wedelt sie mit ihrem Schwanz und beginnt, langsam aus dem Dorf zu laufen. Ich gehe ihr nach und gelange nach einer Weile in eine verträumte, fast unwirkliche Landschaft (Lucas von Uden, *Landschaft mit Regenbogen, Kunsthistorisches Museum Wien).*

Ein abziehendes Gewitter lässt das Gebiet in der Ferne in einen blaugrünen Ton versinken. Die Abendsonne wirft ihre letzten Strahlen auf eine Ansammlung von Häusern und erzeugt einen Regenbogen, der sich von einer kleinen Kirche hinauf in den Himmel zieht. Eigenartigerweise hat der Regenbogen seine Farbe verloren und leuchtet nur mehr in Schattierungen von verschiedenen Blautönen. Die Sonne wirft ihre letzten Strahlen auf das Wasser des Flusses, der das weite Tal durchzieht. Auf einer Wiese links neben dem Fluss haben sich auf dem letzten sonnigen Fleckchen eine Herde von Schafen und eine kleine Gruppe von Menschen versammelt. Beauty, angezogen von der Wärme dieses Platzes, läuft zu den in zwei Gruppen geteilten Menschen hin und stellt sich in deren Mitte. Mit einem liebevollen Ausdruck betrachtet eine blonde, junge Frau den friedvollen Hund. Ihre nackten Füße berühren ihn fast. Sie sitzt, wie fast alle, auf dem warmen Erdboden und lehnt sich an ihren Geliebten, der wiederum seinen Kopf auf seine rechte Hand gestützt hat. Auch er ist entspannt. Es ist Feierabend und alle Arbeit ist getan. Beauty wendet ihren Kopf dem jungen Mann zu, der gerade im Begriff ist, auf einer seiner zwei Flöten ein einfaches Lied zu spielen. Mit überschlagenen Beinen sitzt er auf einem Stein und lehnt sich gelassen an den Baumstamm. Verloren hat er seinen Blick in die Weite gerichtet. Ihm zu Füßen sitzt eine junge Frau, die ihren Blick wiederum auf eine hinter ihr stehende Frau wirft. Auch zwischen diesen beiden besteht eine innige Verbindung. Alle ruhen, außer den fünf Schafen, die neben der Gruppe friedlich grasen und einem muskulösen, braungebrannten Mann, der mit Eilschritten hinter der stehenden, jungen Frau erscheint. Er ist spärlich bekleidet und zeigt seinen braungebrannten, muskulösen Körper. Indem er ihre Hüfte berührt, fällt sein intensiver Blick auf die ruhende Frau gegenüber von ihm, deren Bluse teilweise ihre Brust entblößt. Sein Blick drückt Begierde aus.

Beauty steht noch immer zwischen diesen beiden Gruppen und scheint sich nicht bewegen zu wollen. Auch ich stehe und schaue. Will mir Beauty mit ihrer Stellung in der Mitte etwas mitteilen? Ist es vielleicht der Mittelweg, den ich einschlagen soll, ein Weg zwischen Ruhe und Aktion, zwischen Begehren und Innigkeit, ein Weg, der einfach alles miteinschließt? Ein Spruch von Adalbert Stifter erscheint vor meinem inneren Auge:

Es ist ein sanftes Gesetz der Schönheit,
das uns zieht.
Aber ich musste die ganze Welt durchziehen,
bis ich lernte,
dass sie im Herzen liegt.

Der Spruch wird zu einem Kreis, und aus diesem Kreis entsteht ein leerer Becher auf hohem Fuß.

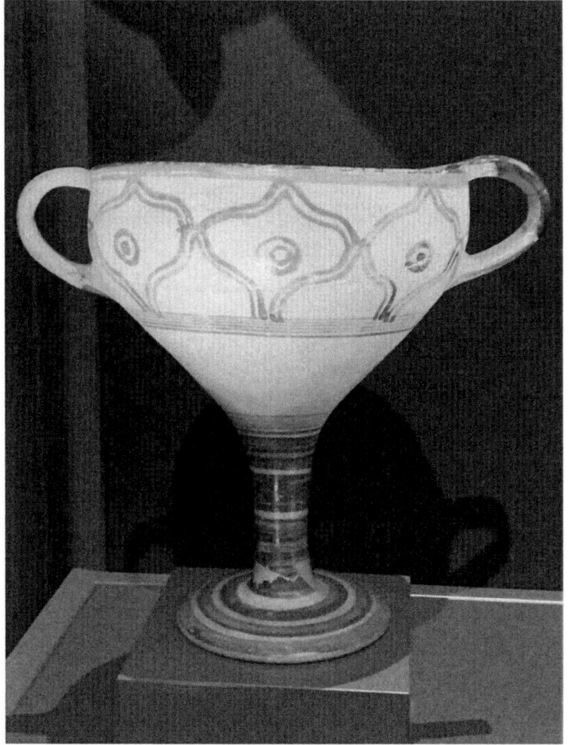

Bild 14, Becher auf hohem Fuß, Ton

Was hat das zu bedeuten? Der Fuß entwickelt sich aus Verknüpfungen, die hinauf und hinunter wandern, und jede Verknüpfung trägt die Unendlichkeit in sich. Durch diese Verbundenheit wird ein Kreuz erzeugt, und im Innersten des Kreuzes liegt die Wirklichkeit. Dort sind alle Gegensätze aufgehoben.

Stolz und aufrecht wie eine Blume, die im Begriff ist, ihre Knospe zu öffnen, steht dieser Becher vor mir. Warm leuchtet mir das Tongefäß entgegen. Welche Botschaft möchte er mir bringen?

Du kreist um dich selbst,
so lange,
bis du erkannt hast,
dass die
Leere, das Nichts,
alles ist!

In kürzester Zeit wird diese Botschaft von einem anderen Bild abgelöst, ein Bild, das gegensätzlicher nicht hätte sein können.

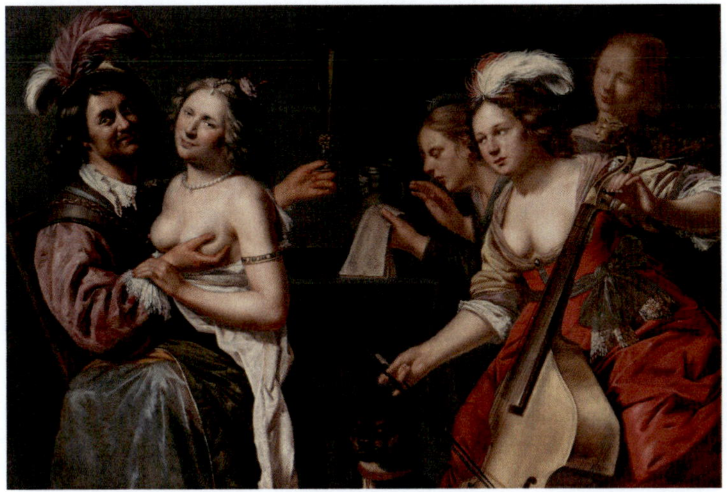

Bild 15, Johann Baeck, *Gleichnis vom verlorenen Sohn*

Es ist das Bild vom verlorenen Sohn, von der wandernden Seele, dem Wegelagerer, dem Suchenden, nie Heimkehrenden. Es zeigt einen Menschen, der sich in die Sinneswelt hineinstürzt, um dort kurzfristigen Halt, Trost und Befriedigung zu finden. Gierig berührt er die nackte Brust einer jungen Frau auf seinem Schoß. Das langgestreckte Glas, das er in seiner linken Hand hochhält, ist voll mit köstlichstem Wein. Beide blicken mit einem lüsternen, einladenden Blick zu mir herüber und ziehen mich in den Raum, in dem sie sich befinden.

Sie sind nicht alleine. Junge Schönheiten umgeben ihn. Die Cello spielende, in rote Seide gekleidete Frau scheint noch verführerischer und dominanter zu sein als die halbentkleidete Schönheit auf seinem Schoß. Sie nimmt ihn mit ihrem Blick und ihrer Musik gefangen. Er jedoch wandert schon zum nächsten Vergnügen. Reife Trauben werden auf einem Tablett von einem blonden Mädchen gebracht – ein Hochgenuss für den Geschmackssinn. Doch wie der Ton, der im Augenblick seines Erklingens gleich wieder im Nichts verhallt, so ist auch dieser Sinn nicht dauerhaft befriedigend. Keine von den Sinneserfahrungen, und seien sie auch noch so intensiv, wird ihm dauerhaften Halt geben und ihm den Frieden bringen, nach dem er sucht. Unsere Sinne sind auf Vergängliches gerichtet. Und so ist es auch mit unseren Gedanken. Sie kommen und gehen und nehmen Gefühle mit sich, die wie Wolken über den Gedankenhimmel ziehen.

Leben ist Vergänglichkeit. Die Vergänglichkeit ist das, was andauert. Er begreift es noch nicht, denn er greift nach der Welt, um Halt zu finden. Und so streunt er herum, immer auf der Suche, immer rastlos – ein *Hungry Ghost*. Erst jetzt sehe ich, dass in ihrer Mitte wieder Beauty erschienen ist. Ruhig steht sie da und wartet. Beauty weiß, dass sie alle irgendwann ihr wahres Zuhause finden werden – aus der Versklavung heraus in die Freiheit des Seins. Doch bevor das geschieht, ist es noch ein langer Weg.

Ich sehe, wie sich eine fünfte Frau nähert und ihn mit betäubender Stimme in eine Grotte lockt. Neugierig geworden, folge ich den beiden. Die Grotte führt in eine unterirdische Halle (Jan Brueghel d. Ä., *Aeneas und Sybille in der Unterwelt).*

Bevor ich einen Schritt über die Schwelle machen kann, hält mich eine fremdartige, singende Stimme davon ab. „Halt!“, gebietet sie mir, und weiter: „Wer immer über diese Schwelle tritt und keinen Führer hat, ist verloren. Ich beschreibe dir, was du dort unten sehen wirst!“

Entsetzen erfasst mich. Ich kann Feuer und Zerstörung sehen. Ich fühle, wie Hitze und Rauch bis zu mir heraufdringen. Schreie der Qual und unendliches Leid offenbaren sich vor meinen Augen. Mein Herz zieht sich zusammen. Es ist kaum zu ertragen.

Die Stimme fährt fort: „Was du hier siehst, hat man jahrhundertelang Hölle oder Unterwelt genannt. Es ist das Reich der Finsternis und des endlosen Leidens. Es sind die Manifestationen von unerlösten Begierden, mächtigen Komplexen und traumatischen Erinnerungen, die als dunkle Ungeheuer im Laufe von Millionen Evolutionsjahren entstanden sind und ihr Unwesen in der Psyche der Menschheit treiben. Die Hölle setzt sich zusammen aus eigenen und kollektiven schwarzen Löchern, die die Psyche in engste Bedrängnis versetzen. Es ist unwirkliche Wirklichkeit und substanzlose Qual. Alle, die du hier herumirren siehst, so konfus und verzweifelt, sie alle warten auf Erlösung. Es ist leicht, in diese Unterwelt zu kommen, doch unglaublich schwer, wieder herauszufinden.“

Ich frage: „Ich sehe dort ganz unten zwei Menschen gehen. Sie schauen völlig heil aus. Können die beiden je wieder die Erdoberfläche erreichen?“

„Die beiden sind Gestalten des Mythos: Aeneas und die Sybille von Cumae. Sie zeigen der Menschheit, wie man sich aus dieser Welt der Finsternis und der Qualen auch wieder befreien kann. Ihr Bewusstsein ist stark genug, um die vielen unerlösten Strukturen und Verflechtungen an die Oberfläche des Bewusstseins zu bringen. Sie stellen die Ganzheit dar, und weil sie ganz sind, können sie nicht in den Trubel der Verwirrung und Verblendung hineingezogen werden. Du musst wissen, die Hölle ist nichts anderes als unser Ego mit seinen unermesslichen Begierden und dem nie zu stillenden Durst nach mehr. Es ist wie ein Albtraum, der sich über das wirkliche Sein gestülpt hat. Unsere Aufgabe besteht darin, uns von diesem Albtraum zu befreien.“

Ich spüre ein tiefes Mitgefühl mit den leidenden Menschen. Es ist nicht ihre Schuld, dass sie in diesem Sumpf der Qualen gelandet sind. Die Entfaltung des Egos geht einher mit der Entwicklung von Begierden und der oft unstillbaren Gier nach mehr Besitz, Geld, Ansehen, Wichtigkeit, Status ... Die Liste ist endlos. Es war Unwissenheit, die diese Menschen in die Hölle geführt hat! Wo liegt ihre Befreiung?

„Wer bist du, die du alles weißt? Deine Stimme gehört weder Mann noch Frau, und außerdem sehe ich dich nicht. Wo bist du?", frage ich weiter.[4]

„Ich bin der singende Drache im verdorrten Baum. Ich bin der Weg zur Freude für diejenigen, die mich hören können. Öffne dein Herz für das Leiden der Welt, und du wirst Freude und Schönheit in deinem Inneren finden. Lerne, zu sehen und zu erkennen. Dann wird meine Stimme einmal deine eigene Stimme werden." Die Stimme klingt ermutigend! Ein singender Drache – ich habe schon am Beginn meiner Wanderung einen riesigen Drachenwurm gesehen. Er hat die heilige Margarete umzingelt und ihr kein Leid zugefügt. Hat er sich während meiner Wanderung in einen toten Baum hierher zurückgezogen? Hat der ursprüngliche Drache, der so furchterregend gepfaucht hat, seine Stimme in Gesang umgewandelt? Oder war seine Stimme immer schon Gesang, und ich war nur dazu in der Lage, ein schauderhaftes Pfauchen zu hören? Erst jetzt sehe ich über dem Eingang der Grotte ein Zitat, das von dem Benediktiner und spirituellen Lehrer David Steindl-Rast stammt:

Wenn unser Herz von Begehren frei wird, dann erblühen Großherzigkeit, Großzügigkeit und Schönheit.

Neben der Grotte sehe ich nun einen fast versteckten Eingang in einen Berg. Es scheint sich um eine ehemalige Mine zu handeln. Neugierig folge ich dem Weg, der sich nach und nach in ein Labyrinth verwandelt. Schritt für Schritt gehe ich weiter. Obwohl es stockdunkel ist, kann ich gut sehen, was mich sehr wundert. Ich treffe auf eine Gruppe von drei Kindern, gefolgt von einer hoch aufgerichteten Frau. Bedächtig marschieren sie hintereinander. Sie scheinen kaum je zu rasten und geben keinen Ton von sich. Sie gehen im Rhythmus einer Uhr und scheinen dennoch außerhalb der Zeit zu sein. Es sind Mädchen im Alter zwischen vier und fünf Jahren, womöglich Drillinge, denn sie unterscheiden sich kaum voneinander. Die Mädchen sind schwer verletzt. Der Oberkörper des ersten Mädchens ist mit Wunden bedeckt. Das zweite trägt seine abgehackten Hände auf einem Polster vor sich her. Das dritte ist kopflos. Ihr Kopf ruht auf einem Kissen, das sie wie eine Opfergabe in ihren Händen trägt. Was ist diesen wunderbaren Wesen passiert? Warum müssen sie endlos in der Finsternis kreisen, ohne je einen Ausgang zu finden? Tiefes Mitgefühl erfasst mich.

Leicht berühre ich die Schulter des ersten Mädchens, wortlos folgt es mir. Den Ausgang kann ich mit Leichtigkeit wiederfinden. Das Sonnenlicht, das ihre Haut berührt, lässt augenblicklich ihre Wunden heilen. Ihre Augen strahlen. Ich bitte sie, auf mich in der Blumenwiese zu warten, bis ich ihre Schwestern aus der Finsternis befreit habe. Ich gehe zurück. Es ist leicht, die Gruppe wiederzufinden, sie hat sich nur langsam weiterbewegt. Ich berühre die Schulter des zweiten Mädchens. Gemeinsam gehen wir zum Ausgang. Wieder passierte ein Wunder: Am Licht fügen sich die abgehackten Hände augenblicklich an die Handgelenke. Auch das zweite Mädchen ist geheilt. Höchst erfreut begrüßen die beiden einander und beginnen miteinander zu spielen.

Noch bevor ich mich um das dritte Mädchen kümmern kann, wird meine Aufmerksamkeit auf ein Geschehen gelenkt, von dem ich meinen Blick nicht abwenden kann: einen Mord.

Ein noch bartloser Jüngling mit lockigem schwarzem Haar und femininem Blick hat gerade mit einem kräftigen Schwerthieb den Kopf eines Mannes abgeschlagen. Er hält den bärtigen Kopf in seiner linken Hand und stößt ihn vor Ekel mit einer unglaublichen Wucht von sich weg. Wie eine Glocke an einer feinen Schnur hält er den Kopf an einem Haarbüschel, ohne ihn eines Blickes zu würdigen. Dunkelheit umgibt die beiden.

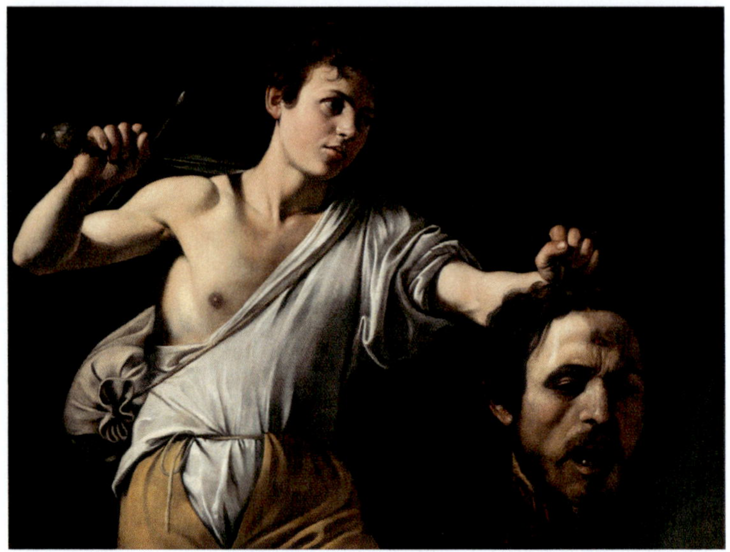

Bild 16, Caravaggio, *David mit dem Haupt des Goliath*

Pechschwarze Dunkelheit. Licht fällt nur auf den Körper des Jünglings. Es beleuchtet zum Teil auch den abgehackten Kopf, der jedoch bald ganz in der Finsternis versinken wird.

Wie konnte dieser anmutige junge Mann, der noch die Unschuld der Kindheit in seinen Gesichtszügen trägt, diesen Mord vollbringen? Das Schwert hat er hinter seinen Nacken gelegt, so als würde er es vor sich selbst verstecken wollen. Ist er sich seiner Tat bewusst?

Mit einem Mal tritt eine alte Frau aus der Finsternis heraus.

Mit traurigem Blick stellt sie sich vor den jungen Mann und schaut ihn fragend an. Ihre beiden Hände hat sie auf Herzhöhe auf einen Gehstock gestützt. Sie beugt ihren Kopf leicht nach links, wodurch ihre dunkelbraune Kapuze, die sie über einer weißgrauen Kopfbedeckung trägt, auch ein bisschen nach links rutscht. Ihr schwerer dunkelbrauner Mantel mit Pelzkragen fällt sanft über ihre Schulter. Ihre Haltung ist bescheiden. Sie strahlt so viel an Würde und Weisheit aus, dass ich mit Spannung erwarte, was sie dem Jüngling sagen will.

Mit sanfter, leiser Stimme beginnt sie zu sprechen:

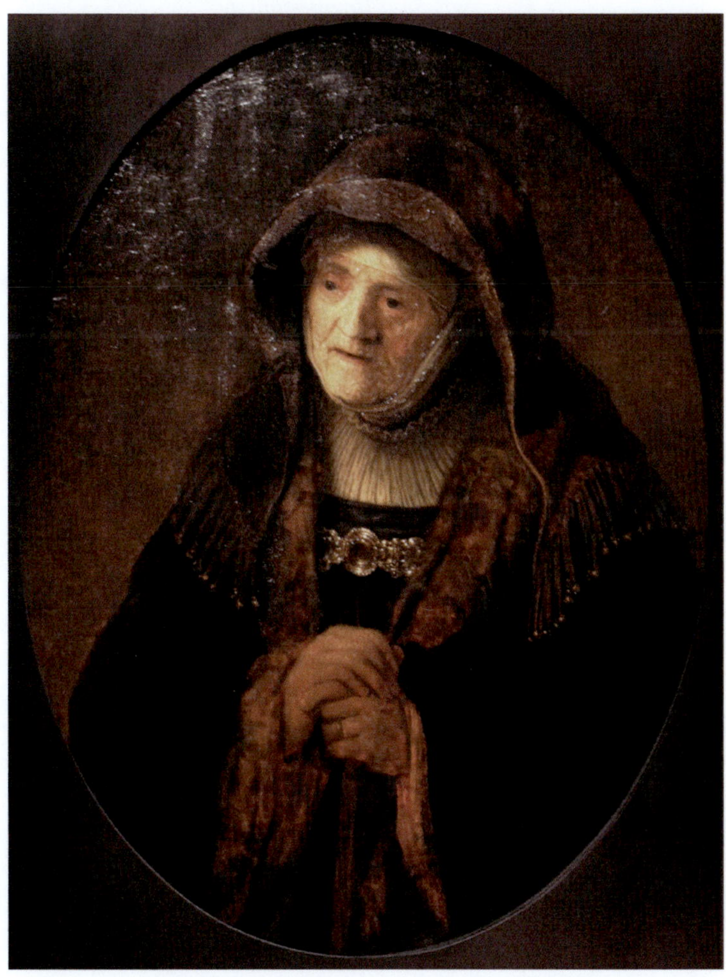

Abb. 17, Rembrandt, *Die Prophetin Hanna*

Im Leben gibt es immer Schmerzen
Begehren und Abneigungen.
Wie du darauf reagierst,
macht den Unterschied
zwischen Unwissenheit
und Weisheit.

Ihre dunklen tiefliegenden Augen scheinen alles Leid der Erde zu kennen. In ihnen ist keine Spur von Urteil und Verurteilung zu sehen.

Werde dir deiner Taten bewusst
und gehe den mittleren Weg,
den Weg, der über Begehren
und Abneigung liegt.
Ich segne dich,
mein Kind.

Ihr Gesicht ist von einem inneren Licht erhellt, das nach außen strahlt. Unglaubliche Liebe und tiefes Mitgefühl drückt diese alte Frau aus. Mit ihrer Gelassenheit und Ruhe wird sie zur Inkarnation von Generationen von Frauen und Müttern, die das Leben so akzeptieren, wie es ist. Sie ist die Weisheit der Erde.

Mein Blick fällt wieder auf den Mineneingang. Wie ein flüchtiger Schatten erscheint plötzlich über dem Eingang des Labyrinths ein Spruch, der mich an das dritte Mädchen ohne Kopf erinnert.

Aus der Dunkelheit
entsteht die Wahrheitsfeder –
verstreute Asche

Wie konnte ich das Mädchen vergessen? Kann ich es wiederfinden, und wenn ja, wie kann ich sie retten? Ich beschließe, die alte, weise Frau zu fragen, wie ich dem Mädchen helfen kann. Sie steht noch immer an dem ursprünglichen Ort.

„Liebe Frau“, sage ich, „ich brauche ganz dringend einen Rat. Im Inneren des Berges ist ein Mädchen ohne Kopf gefangen. Es irrt in endlosen Runden durch die Minengänge und kann den Ausgang nicht finden. Wie kann ich ihr helfen?“

Ohne sich zu bewegen, hebt die alte Frau ihren Blick und beginnt zu sprechen: „Schon 65 Jahre lang irrt dieses Mädchen in der Finsternis umher. Sie wird wie die anderen beiden Kinder, die du ans Licht gebracht hast, von einem Engel beschützt. Du bist jedoch die Einzige, die sie aus ihrer Gefangenschaft erlösen kann. Sie haben auf dich gewartet. Das Tageslicht hat die Verletzungen der beiden ersten Kinder geheilt. Mit dem dritten Mädchen musst du vorsichtiger sein. Zu starkes Licht würde seinen augenblicklichen Tod bedeuten. Du musst es in Etappen befreien und es langsam an das Licht gewöhnen.“

„Sei geduldig!“

In tiefer Dankbarkeit verneige ich mich vor ihr und beginne meinen Weg ins Innere des Berges. Ich folge meinem Gefühl und treffe auch bald auf das Mädchen und seinen Schutzengel. Wie bei den anderen beiden Mädchen berühre ich leicht ihre rechte Schulter. Langsam gehen wir in Richtung Ausgang. Beim Anblick eines leichten Lichtschimmers in der Ferne bleibe ich stehen. „Warte!“, sage ich zu ihr. „Warte hier und gehe nicht weiter! Ich komme wieder.“ Tatsächlich bleibt das Mädchen stehen und rührt sich nicht vom Fleck. Der Schutzengel ist hinter ihr. Er nickt mir zu. Ich möchte den Rat der alten weisen Frau befolgen, doch schon beim Verlassen der Gruppe steigen Zweifel in mir hoch. Mache ich wirklich das Richtige? Wie kann ich wissen, was richtig ist?

Der in mir hochsteigende Zweifel lässt das Bild einer Frau mit Schreibfeder und Buch vor mir erscheinen. Sie sitzt an einem Schreibtisch. Ich kann nur ihre obere Hälfte sehen. Ihr Kopf ist zweifach bedeckt. Ein eng gebundenes weißes Kopftuch verdeckt ihr Haar und strafft sich eng über Ohren und Kiefer. So sind auch – symbolisch und real – ihre Ohren und ihr Mund verschlossen. Über diesem weißen Tuch trägt sie eine schwarzbraune Kopfbedeckung, die mit einem eleganten Faltenwurf über ihre Schulter fällt. Dadurch wird die asketische Strenge noch mehr betont.

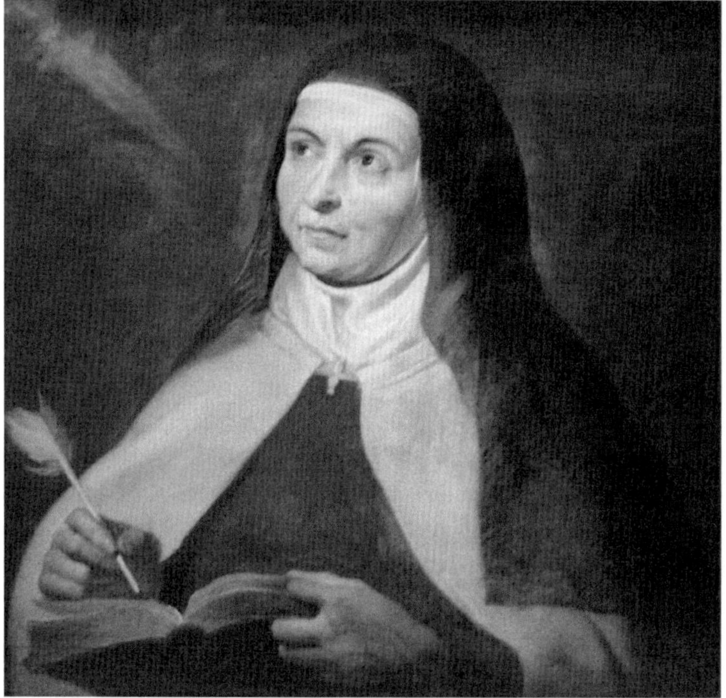

Bild 18, Peter Paul Rubens, *Heilige Theresa von Avila*

Sie gehört offensichtlich einem katholischen Orden an und drückt Strenge, Gehorsam und Gläubigkeit aus. Ein Flammenschwert, das sich von oben auf ihr rechtes Ohr zuspitzt, verlangt ihre totale Konzentration. Ihr ganzes Wesen ist auf Hören ausgerichtet. Sie schreibt die Botschaft, die sie empfängt, auf.

Kann sie, eingesperrt in eine Welt von Traditionen, eine Weisheit, die weit über der konzeptuellen Wahrheit liegt, wirklich aufnehmen? Hat sie Zugang zu einer fundamentalen

Wahrheit, die hinter ihrer angelernten Sichtweise liegt? Ich blicke in ihre Augen, die mich nicht sehen können. In ihnen liegt zwar eine Art Sanftheit, jedoch im Gegensatz zu der alten weisen Frau scheint sie abgetrennt vom Fluss des Lebens zu sein. Meine Unfähigkeit, mich mit ihr zu verbinden, macht mich traurig, und ich beschließe, sie nicht um einen Rat zu fragen. Sie scheint etwas von meiner Mutter zu haben, etwas Puritanisches. Vielleicht sehe ich auch Anteile von mir in dieser Frau, meine asketische Seite, die mich davon abhält, das Leben zu nehmen, wie es ist? Wo finde ich das Leben in seinem So-Sein? Meine Traurigkeit vertieft sich und schnürt mir die Kehle zu. Fast hoffnungslos ist mein Unternehmen. Doch siehe da, eine Eule flattert durch die Finsternis und setzt sich auf einen Ast vor mir.

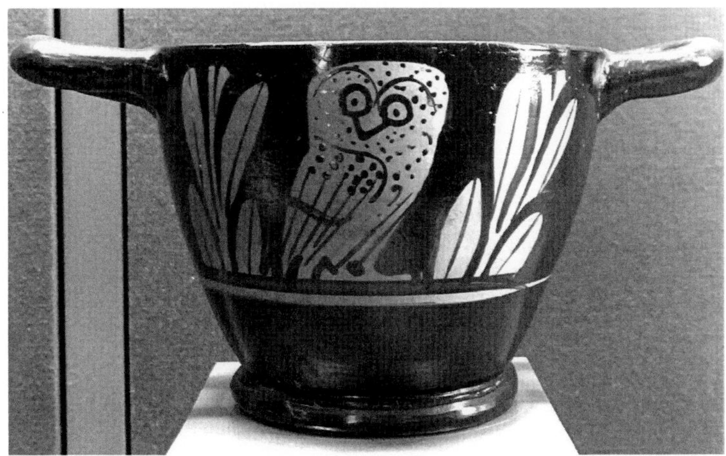

Bild 19, *Eulenskyphos*

Zwei runde, weit geöffnete Augen starren aus der Dunkelheit. Augen, die die Finsternis wie ein Schwert durchdringen. In vollkommener Gelassenheit sitzt die Eule zwischen zwei Büschen, die sich feuerschlangenartig in die Höhe winden. Kraftvoll und doch wie in einem Traum ruft sie mir zu:

Du darfst!

Du darfst wieder träumen –
von den Wildrosen und
den Bienen,
von dem alten Weinstock,
der mit aller Kraft
noch die letzten Trauben
zur Reife bringt,
und vom Himmel,
der sein Blau
in deine Seele senkt.

Du darfst sie freilassen,
die wilden Pferde,
die zu zähmen du
versucht hast
und die dadurch
ihre Lebenskraft
verloren haben.

Du darfst den Wolf
Wolf sein lassen,
darfst spielen mit deinen Bildern
die in dir aufsteigen,
darfst sie willkommen heißen,
wild und uneingeschränkt
im Urzustand
aus der Tiefe stammend,
nicht verbogen,
gekrümmt,
oder verlogen.

Du darfst
eine Wiese Wiese sein lassen
und musst nicht
kultivieren.
Nicht da, wo die Natur
herausfließt,
sich ausdrückt,
nur wo du Geborgenheit brauchst,
dort schaffe dir
einen
Raum.

Neben der Eule, in tiefer Dunkelheit aus längst vergangenen Zeiten tretend, sehe ich plötzlich schemenhafte und körperlose Umrisse. Diese Umrisse sind Linien, Gedankenlinien, die sich zu einem Bild zusammenfügen (*Stele des Sesotris*, Kalkstein aus Abydos, spätes Mittleres Reich, 13. Dynastie, 1882–1650 v. Chr., Kunsthistorisches Museum).

Ich habe das Gefühl, dass eine ganze Kultur mit mir sprechen möchte. Ich spüre, dass ich nur in diese Linien hineinschlüpfen und mich selbst aufgeben muss, selbst zur Linie werden muss, um sie wieder lebendig werden zu lassen. Ich steige hinein und werde zu einem Mann, der mit erhobenem Kopf vor einem Gott steht. Ich schaue ihm in die Augen. Der Gott ist reiner Geist, reine Energie. Ich bringe Gaben, die ich während meines Lebens erworben habe. Der Tisch ist vollgeladen mit Ochsenkopf, Brot, Geflügel und einem Becher voll von köstlichem Wein. Davor steht ein anderer Tisch mit einer Lotusblume, die sich zum Boden neigt. Ich fürchte mich nicht vor diesem Gott der Unterwelt. Meine Gebete sind eingemeißelt in vier Schriftbänder. Es sind die Gebete, die ich mein Leben hindurch zur Lobpreisung des Gottes gesungen habe. Auch andere Götter sind anwesend, Götter der Tierwelt. Alles ist geordnet. Die Gedanken sind geordnet, und die Schriftbänder sprechen von Zuversicht und

Gelassenheit. Ich weiß, ich werde von diesem Gott empfangen, um in sein Reich einzugehen, um selbst ein Gott zu werden.

Der Gott spricht zu mir:

„So wie ich einst in Teile zerstückelt wurde und sterben musste,
so musst auch du nach den vergessenen Teilen in dir suchen,
um in deiner Ganzheit vor mir stehen zu können.
Begib dich auf die Suche nach dir selbst.“

Ich weiß, ich bin in einem Traum, der vor Tausenden von Jahren geträumt wurde, und steige wieder heraus in die Realität. Die Suche nach Heilung des Mädchens ohne Kopf wird plötzlich zu meiner ureigenen Suche nach Ganzheit. Waren Becken und Fingerknochen, die abgehackten Hände, der abgehackte Kopf, waren all diese Teile Fragmente von mir selbst? Die Frage lässt einen Torso aus Marmor vor mir erscheinen.

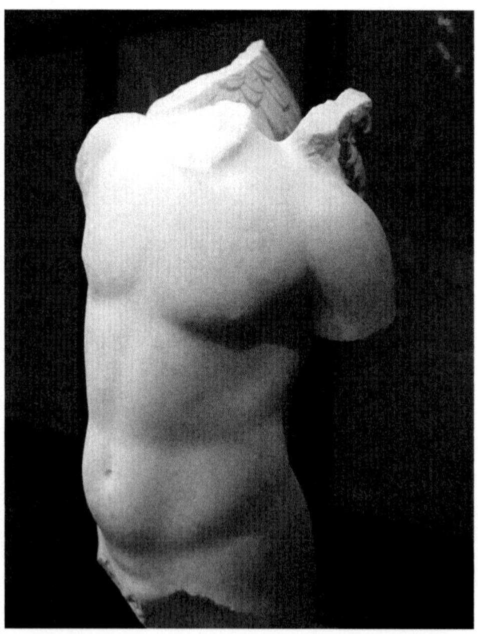

Bild 20, *Torso des Eros, Marmor*

„Wer bist du, schwerer Schwereloser?“, frage ich ihn. „Wie heißt du?“

„Ich bin Eros“, sagt er stolz, „und an meinem Nabel hängt die ganze Welt!“

„Wie kannst du ohne Beine, Arme und Kopf existieren? Du kannst weder sehen, hören, riechen, schmecken oder handeln. Wie willst du irgendetwas in Bewegung setzen in deiner Hilflosigkeit?“

Noch während ich spreche, spüre ich seine Energie tief unten in meinem Körper. Ich spüre ihn als mächtiges Wesen!

„In meinem verstümmelten Körper verbirgt sich das pochende Weltherz, das für alle schlägt. In meinem Bauch befindet sich Verbundenheit, die Einheit, die alles umfasst. Mein steinerner Flügelschlag erhebt mich über die Zeit hinaus und in die Ewigkeit hinein. Der kleine Teil der Flosse, die nicht abgehackt worden ist, sie erlaubt es mir, ungehindert durch das Reich der Gefühle zu schwimmen. Die, die mich zerstören wollten, wussten nicht, dass ich unzerstörbar bin. Ich lebe weiter, trotz der Grausamkeiten, die man mir angetan hat. Ich bin Vibration und grenzenlose Liebesenergie. Durch Verblendung, unersättliche Gier und Feindseligkeit wurde ich verstümmelt, doch ich lebe in jedem Menschen weiter“.

„Wie kannst du leben, ohne Arme, ohne Beine – und ohne Kopf?“

„Ein Mensch, der liebt, sieht mit meinen Augen. Er hört mit meinen Ohren und erkennt die göttliche Energie mit meinem Kopf. Ich brauche weder Beine noch Hände oder einen Kopf, denn jeder Teil von mir ist in allen enthalten.“

„Ich verstehe. Dein Herz schlägt für uns, doch wir müssen deine Hände werden und handeln. Du brauchst nicht sehen, denn wir schauen für dich. Du brauchst nicht hören, denn unsere Ohren werden deine. Wir machen uns frei für dich, damit die kraftvolle Energie der Schönheit und der Liebe in uns wohnen kann. Du lebst in jedem von uns, der dich erkennt. Ist es nicht so? “

Ich spüre die Antwort des Gottes der Liebe als warmes Gefühl in meiner Herzgegend. Zur selben Zeit gewinnt auch die

Erinnerung an das Mädchen ohne Kopf wieder an Dringlichkeit. Jenes Mädchen ist Teil von mir selbst. Ich muss wieder in den Berg zurück! Der bloße Gedanke versetzt mich an den Platz, an dem ich es verlassen habe. Niemand ist mehr da. Ich kann weder das Mädchen noch seinen Schutzengel sehen.

Ich bin verzweifelt! Gedanken von Schuld und Selbstanklage jagen durch meinen Kopf. Wieso bin ich nicht bei dem Mädchen geblieben? Hat mich die weise Frau nicht dazu aufgefordert, geduldig zu sein! Ich habe mich ablenken lassen! Vielleicht hat sie den Ausgang alleine gefunden und spielt auf der Blumenwiese mit ihren beiden Schwestern? Vielleicht ist sie heil und frei? Diese Gedanken lassen mich hoffen, und ich verlasse die Mine, um draußen weiterzusuchen. Mit Schrecken sehe ich, dass weder das Mädchen ohne Kopf noch die anderen beiden Mädchen auf der Blumenwiese sind. Wie konnte ich nur so unverantwortlich sein und sie alleine lassen! Ich habe die Chance verpasst, das dritte Mädchen zu befreien – und damit auch mich! Ich fühle mich verloren, schuldig und hilflos. Kraftlos sinke ich in mich zusammen. In diesem Moment fallen mir die letzten Worte der Eule ein:

Nur wo du Geborgenheit brauchst,
dort schaffe dir
einen
Raum.

Ja, ich brauche Geborgenheit! Es ist der Atemraum, der mir Geborgenheit gibt. Langsam atme ich ein und aus, ein und aus, und die entstehende Ruhe bringt mich zurück in das Schlafzimmer meiner Kindheit. Außer dem Spiegelschrank, der Psyche, sind alle Möbel von damals verschwunden. Nur ein paar Stühle stehen noch ungeordnet an der Wand, sonst ist das Zimmer leer. Ich setze mich und schließe meine Augen. Es ist still um mich.

In diese Stille bricht ein Engel mit dynamischem Flügelschlag und erhobenem Arm durch das geschlossene Fenster.

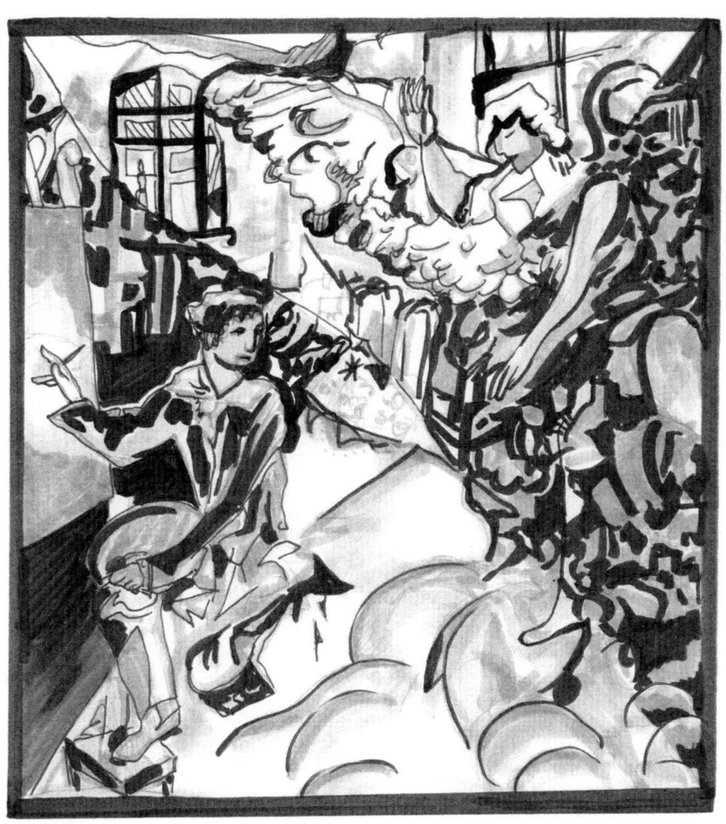

Bild 21, Lucretia Schmidt, Engel

Blauer Dunst und himmlische Vibration erfüllen die Hälfte des Zimmers. Sein linker Fuß steigt elegant aus dem Blau in eine wolkige Wirklichkeit hinein. Alles ist in Bewegung. Der Engel bringt das dritte Mädchen als feinen Nebel in den Raum und setzt es vor den Spiegel auf einen Stuhl. Der Kopf ist nicht mehr vom Körper getrennt. Ich sehe zuerst nur Umrisse, langsam nimmt die nebelige Energie jedoch Form an und entwickelt sich zu einem jungen, anmutigen Menschen. Dieses wunderbare Wesen betrachtet sich ruhig und gelassen im Spiegel. Es scheint außerhalb der Zeit zu sein. Ich höre den Engel folgende Worte sagen:

„Ich bin eine göttliche Macht,
die Energie der
künstlerischen Poesie
und Malerei.
Entdecke
und entwickle diese
Qualitäten
in dir
selbst!“

Die Botschaft des Engels, der mit der rechten Hand nach oben und mit der linken in Richtung Boden zeigt, überträgt sich auf das junge, zierliche Mädchen. Es versteht! Mit unglaublicher Eleganz zeigt das Mädchen mit ihrer rechten Hand auf den Spiegel vor ihr. Leicht bewegt sie ihren Körper und schreibt Linien auf die spiegelglatte Fläche. Die Linien werden zu Buchstaben und ich lese:

Grenzenloser Raum

Ist das eine Botschaft für mich? Ich bin gebannt von der starken Verbindung zwischen dem Engel und dem Mädchen. Noblesse und Anmut liegen in diesem fast außerirdischen Geschehen. Gleichzeitig kommen Fragen auf und gewinnen an Dringlichkeit. Ich nehme meinen ganzen Mut zusammen und frage den Engel: „Es ist ein Wunder, das hier geschehen ist! Wieso hast du dieses Menschenwesen nicht schon lange befreit? Wo sind die anderen beiden Kindern? Was hat das alles zu bedeuten“?

Ohne ein Wort zu sagen, schaut der Engel mich an und zaubert mit einer magischen Bewegung, kaum sichtbar, aus dem Blau eine blühende Orchidee. Die Schönheit und Eleganz der Blüte sind bestechend. Mein Herz öffnet sich und ist erfüllt von Liebe und Bewunderung. Ein feines, fast ätherisches Band umgibt den Stängel der Orchidee. Ich lese:

Geheimnis des Lebens

Der Engel verschwindet und lässt mich allein mit meinen Gedanken. Verlange ich zu viele Erklärungen? Wo ist mein Vertrauen in das Leben? Wenn man vertraut, muss man nicht alles verstehen. Einsam ist es plötzlich um mich. Auch das Mädchen ist verschwunden. War das alles nur ein Traum? Ich fühle mich sehr verlassen. Ich weiß nicht mehr, wohin ich gehen soll, und besinne mich auf meinen Atem. Langsam atme ich ein und aus. Es ist sehr still um mich. Mit einem Male höre ich ein leichtes Kratzen auf der Fensterscheibe. Meine Aufmerksamkeit wird auf einen Vogel gelenkt, der immer wieder versucht, durch das Fenster zu fliegen. Er gibt nicht auf, obwohl er längst schon bemerken hätte sollen, dass ein Fensterglas zwischen außen und innen ist. Sehr eigenartig! Ich fasse es als Zeichen auf und gehe auf die Straße. Nach ein paar Schritten sehe ich einen alten Mann, der aus einem Buntglasfenster herausschaut, das von einem alten, abgenützten Sandsteinrahmen mit eingeritzten Kanten und tiefen Furchen eingefasst ist.

Eine weiße Feder landet gerade neben einer kleinen leeren Glasflasche am Steingesimse. Jemand scheint die Flasche dort vergessen zu haben.

Ungewöhnlich ist, dass der Mann seinen Kopf auf den horizontalen Holzbalken gelegt hat und damit den Eindruck vermittelt, eine Guillotine könne ihm jeden Moment den Kopf abhacken. Ich weiß, dass das nur meine Assoziationen sind. Unbestritten ist jedoch, dass der Mann großen Kummer zu tragen hat. Eine tiefe Traurigkeit liegt in seinem Gesicht. Seine dunklen, dunkelbraunen Augen sind von schweren, rötlich gefärbten Lidern bedeckt. Sein Blick ist nach innen gerichtet. Leid hat sich in die lederne Gesichtshaut eingegraben. Eine rotbraune Pelzmütze verdeckt zum Teil seine gerunzelte Stirn. Sein rötlich brauner Vollbart verhüllt einen schmalen Mund, der wohl schon lange

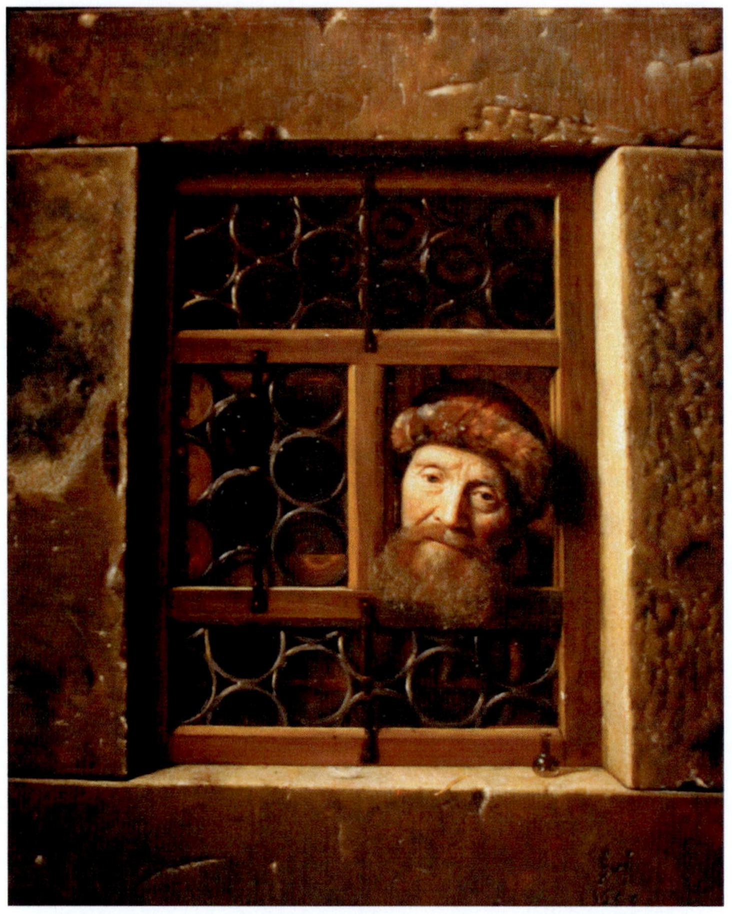

Bild 22, Samuel van Hoogstraten, Alter Mann am Fenster

nicht mehr gelächelt hat. Ein einziger Satz kommt immer wieder aus seinem Mund: „Hilfe, Hilfe, Polizei!" Doch niemand kümmert sich darum. Niemand hört seine Hilfeschreie.

Meine Aufmerksamkeit wird wieder auf die Feder auf der Fensterbank gelenkt. Wie war doch der flüchtige Spruch über dem Mineneingang?

Aus der Dunkelheit
entsteht die Wahrheitsfeder –
verstreute Asche

Was ist dem Mann passiert? Warum kümmert sich niemand um ihn? Ich beschließe, den Mann aufzusuchen und mit ihm zu sprechen. Er lebt in einem ehemaligen Wächterzimmer, in dem nur ein Bett, ein Esstisch mit einer Eckbank und eine kleine Kommode stehen. In sich zusammengesunken sitzt er da. Er scheint mein Eintreten nicht bemerkt zu haben. Leise begrüße ich ihn. Keine Reaktion. Er scheint schwerhörig zu sein. „Grüß Gott!", rufe ich noch einmal. Jetzt schaut er auf! Es braucht nicht lange, bis wir ins Gespräch kommen und er mir seine Lebensgeschichte erzählt: „Dieses Haus ist das Haus meiner Ahnen, ein Herrenhaus! Schon Jahrhunderte lang haben wir mit Wein Geschäfte gemacht, und immer war genug für uns alle da. Ich bin viel gereist, habe geschnitzt, gezeichnet, gemalt und geschrieben. Viele Auszeichnungen habe ich im Laufe meines Lebens bekommen. Ich kann sagen, ich war sehr angesehen!"

Beim Sprechen bewegt er seine Hände so, als würde er etwas wegschieben wollen. Sie sind klobig und haben dennoch auch etwas Feines an sich. Es sind Hände, die gehandelt haben. Auffallend sind die Fingernägel: Wie bei einem Raubvogel sind sie fast zu Hornkrallen geworden. Gebückt sitzt er vor mir.

„Was ist passiert? Haben Sie keine Kinder, die für Sie sorgen?"

Ein tiefer Seufzer entkommt seiner Brust und eine Träne fällt auf seine rechte Hand.

„Ich habe einen Sohn. Mein Sohn hat den gesamten Besitz geerbt. Er hätte die Pflicht, für mich zu sorgen, doch er ist böse geworden. Aus Gier hat er sich alles genommen, was ich besitze, sogar meine Freiheit. Ich habe ihm mein ganzes Vertrauen geschenkt!" Tränen kullern über seine Wangen. „Meine Lage ist schlimmer als die eines Knechts." Er steht auf, nimmt seinen Gehstock und versucht, ein paar Schritte zu gehen, doch seine Beine tragen ihn nicht mehr. Daraufhin ruft er wieder: „Hilfe, Hilfe, Polizei!"

Mir dämmert, dass er den Verstand verloren hat. Den großen Schmerz, von seinem eigenen Kind beraubt und ausgestoßen worden zu sein, konnte er nicht ertragen. Welches Karma hat er angesammelt und in dieses Leben mitgebracht? Kurz bevor ich weggehe, ruft er mir zu: „Nur Frieden will ich, nur Frieden! Alles unter den Tisch kehren, alles unter den Tisch kehren!“ Ich kann ihm nicht helfen. Mit einer tiefen Verneigung verabschiede ich mich, es ist eine Verbeugung vor seinem Schicksal.

Beim Verlasse des Raumes sehe ich über der Tür folgendes Zitat von Meister Eckehart:

Wenn die Seele völlig verloren ist,
dann erkennt man,
dass es das eigene Selbst war,
das so lange
vergeblich gesucht hat.

Bedeutet Leiden zugleich eine Läuterung, eine Reinigung der Seele, ein Weg der Selbstfindung? Ist es der Weg in die Bedeutungslosigkeit, die der Mann eingeschlagen hat, damit seine seelischen Wunden heilen können? Hat seine Seele nun erkannt, dass die Liebe auch ein Schwert braucht, um sich Ungerechtigkeiten entgegenzustellen?

Ich gehe weiter und komme zu einem Antiquitätenladen. Neugierig schaue ich durch die offene Tür und sehe einen Mann, der einer Kundschaft seine Schätze zeigt. Von meinem Blickwinkel aus ist nur der Händler zu sehen. Leicht vorgebeugt steht er hinter einem Tisch, der mit einem braunen Samttuch bedeckt ist. In seinen sanft abgewinkelten, ausgestreckten Armen hält er eine ungefähr fünfzig Zentimeter große, weiße Marmorstatue einer nackten Schönheit. Sie erinnert an eine antike Statue von Aphrodite. Ein Lichtstrahl fällt auf ihren linken Oberschenkel. Er lenkt den Blick dezent auf ihre erotische Stelle. Licht erhellt auch die hohe Stirn und das markante Gesicht des Händlers, der mit scharfen Augen seinen Kunden mustert. Er weiß, was er will.

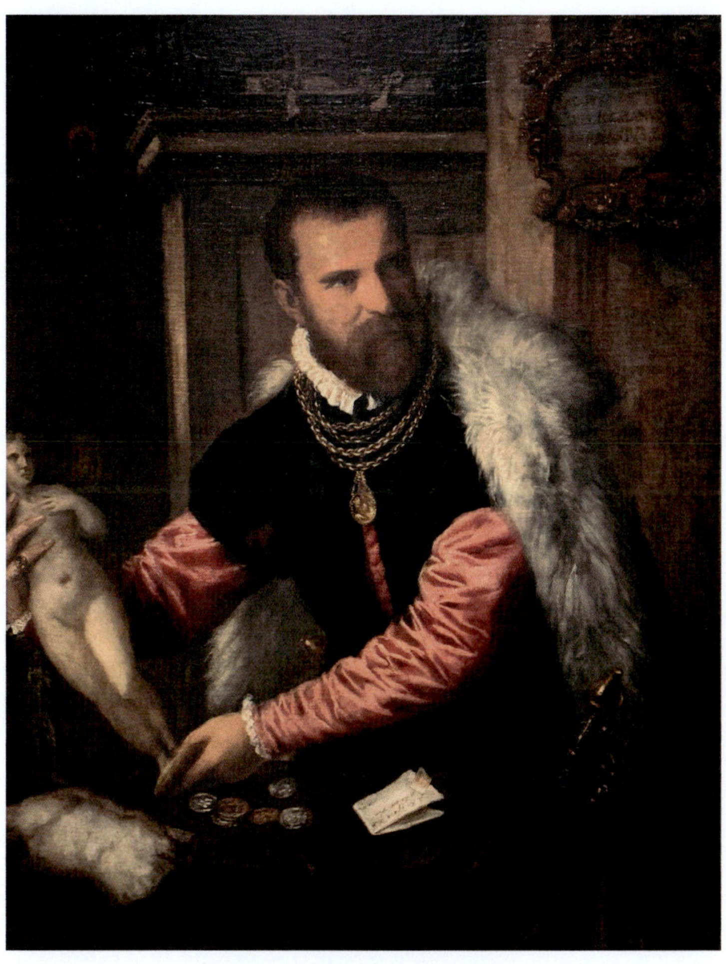

Bild 23, Tizian, *Jacopo Strada*

Er suggeriert seiner Umgebung Wissen, sozialen Status, Reichtum und vor allem sein ausgebildetes Kunstverständnis. Er möchte Eindruck erwecken, und das gelingt ihm auch. Lässig hat er einen schweren Silberfuchspelz über seine Schulter geworfen, der über seinen linken Oberarm fällt. Die glänzend purpurrote Farbe des Seidenhemds, das er unter der enganliegenden Seidenjacke trägt, hebt die silberweiße Farbe des Pelzes hervor.

Seine Erscheinung ist edel und vollkommen kontrolliert. Eine schwere Goldkette mit einem tränenförmigen Bergkristall betont seine Gewichtigkeit. Sie sticht mehr ins Auge als der Degen, der an den Tisch gelehnt ist und wohl ein Zeugnis seiner Fechtkunst abgeben soll.

Ich sehe nur seine Augen. Sie sind berechnend und kaltblütig. Keine bisschen Wärme geht von ihnen aus. Der Antiquitätenhändler scheint von Kunst und dem Handel mit der Kunst besessen zu sein. Seine Position ist unangefochten souverän. Nie wird er wohl in Abhängigkeit geraten wie der alte Mann von vorher. Was bedeuten Liebe und Macht im Leben eines Menschen? Gehören sie zusammen oder schließen sie sich aus? Gibt es etwas, das über Liebe und Macht hinausgeht, etwas, das beide womöglich sogar verbindet? Ich spüre, dass ich nicht das geringste Bedürfnis habe, mit dem Kunsthändler in Kontakt zu kommen, und gehe weiter.

Ich komme in die Rue de Crimée. Hier erfasst mich ein anderer Anblick. An den Gesimsen eines Wohnhauses neben einem riesigen Erdloch spaziert eine schwarze Ratte. Sie verschwindet im nächsten Moment wieder in einer Betonspalte. In dem Erdloch, das durch den Abriss eines Hauses entstanden ist, liegen alte Matratzen, Holzbalken und anderer Unrat. Graffiti von dunklen Männergesichtern und roten, aggressiven Flächen ohne offensichtliche Bedeutung bedecken die nackten Wände des Hauses. In einer Nische liegt achtlos hingeworfenes Gerümpel.

Ich sehe eine junge blonde Frau, die gerade eine riesige Matratze von der Straße in ein Haus zieht. Sie versucht sie aufzuheben, doch sie ist viel zu schwer für sie. Offensichtlich wurde die Matratze weggeworfen und zur freien Verfügung gestellt. Irgendwie kommt mir die junge Frau bekannt vor. Sie hat eine Ähnlichkeit mit dem ersten Mädchen, das ich aus der Finsternis befreit habe. Höchst erfreut frage ich sie, ob sie Hilfe braucht. Sie bejaht. Intensiver Uringeruch schlägt uns beim Eintritt des Hauses entgegen. Alte Zigarettenstummel, Papierfetzen, eingetrocknetes Gebrochenes und fingerdicker Staub bedecken die Stufen. Chinesen würden in diesem Haus wohnen, lässt sie mich wissen. Chinesen, die sich nicht um den Allgemeinbereich kümmern würden. Wir schleppen die Matratze gemeinsam in den sechsten Stock.

Die junge Frau wohnt in einem winzigen Dachzimmer ohne Heizung. Ihre Sachen sind am Boden verstreut, denn hier gibt es kein einziges Möbelstück. Es sei schwer, in dieser Stadt ein Zimmer zu bekommen, sagt sie. Freundlich blicken Blumentapeten mit goldenen und grauen Blütenblättern zu mir herunter. Sie scheinen mir zu sagen: „Mach dir keine Sorgen, sie schafft ihr Leben. Sie weiß, was sie will!“

Ich blicke auf die gegenüberliegende Wand und werde mir mit einem Mal einer anderen Realität bewusst. Weißes, klares Licht erfüllt einen grenzenlosen Raum (Mondrian, Komposition mit Doppellinie und Blau).

Ein Gefühl des Friedens breitet sich in meinem Inneren aus. Es trägt mich auf Flügeln lautloser Musik in die Stille hinein. Nur hie und da kommen von außen Schwingungen, die diese endlose Stille durchkreuzen. Sie treffen einander dort, wo mein Bewusstsein steht, aufrecht und empfänglich. Rhythmisch wie Musik kreuzen die schwarzen horizontalen Linien den aufrechten Strich und erschaffen eine Welt im Dreiklang, eine Welt der Harmonie. Nur das blaue Quadrat in der rechten unteren Bildhälfte gibt dem Bild Gewicht, eine gewisse Schwere und Standhaftigkeit.

Das Quadrat zieht mich hinein in die Kühle, in das endlose Blau des tiefen Ozeans, in das Nachtblau des Himmels. Auch hier ist Stille – keine Bewegung, keine Emotionen, keine Unruhe, die das Blau in Rot verändern würde. In der Weite jenes Ozeans wird die Welle ein vorübergehendes Phänomen. Die Gefühle werden aufgenommen in die Tiefe des Ganzen. Hier sehe ich Ganzheit in rhythmischer Form. Hier ist Balance. Nur ganz unten, unter dem blauen Quadrat, da ist Individualität. In zierlichen, unaufdringlichen Buchstaben in Rot steht *PM 27* und daneben, fast unsichtbar:

Grenzenloser Raum

Betroffen kehre ich wieder in das winzige Dachzimmer zurück. Diese Botschaft habe ich doch schon irgendwo gelesen! Die blonde Frau schaut mich mit einem strahlenden Lächeln an, und ich weiß – hier ist Liebe und Wärme. Glücklich verabschiede ich mich und fühle eine tiefe Dankbarkeit in mir. Wie ist doch das Leben geheimnisvoll, voll von Wundern und unerklärbaren Geschehnissen! Langsam lehrt es mich, ihm, dem Leben selbst, zu vertrauen.

Ich verlasse das Haus durch die Hintertür. Anstatt auf einer Straße finde ich mich nun in einem ländlichen Gebiet. Alte Obstbäume und niedriges Gebüsch säumen einen Pfad, der leicht bergab führt. Ich folge ihm und komme zu einer Lichtung, an der eine Gruppe Hühner ihr Futter vom Boden pickt. Noch nie habe ich solche Hühner gesehen! Ihre Federn sind seidig und weich wie das Fell einer Katze. Sie zeigen auch ein anderes Verhalten, als man es von einer Hühnergruppe erwarten würde. Manche schmiegen sich fast innig aneinander, andere wiederum spazieren gemütlich und langsam Seite an Seite. Sie genießen den Tag.

Links von dieser Hühnergruppe bemerke ich eine Vielzahl anderer Tiere. Sie scheinen mit dem braunen lehmigen Erdboden so verbunden zu sein, dass sie kaum von ihm unterscheidbar sind.

Affen in verschiedensten Größen und Positionen drängen sich in den Vordergrund. Sie können wohl keinen Augenblick stillsitzen. Ich zähle ungefähr elf. Sie sind wie das *Monkey Mind*, wie der unruhige, unkontrollierte und verwirrte Geist, der jeden Augenblick in Bewegung ist. Ihre Augen sind tief im Fell vergraben und starren ins Leere. Sie sehen mich nicht. Anders als die Affen liegt eine Gruppe von Katzen genussvoll auf dem warmen Lehmboden. Die kleinen Kätzchen sind eng ineinander verschlungen und genießen die Wärme. Viele haben ihre Augen geschlossen und scheinen in sich selbst zu ruhen.

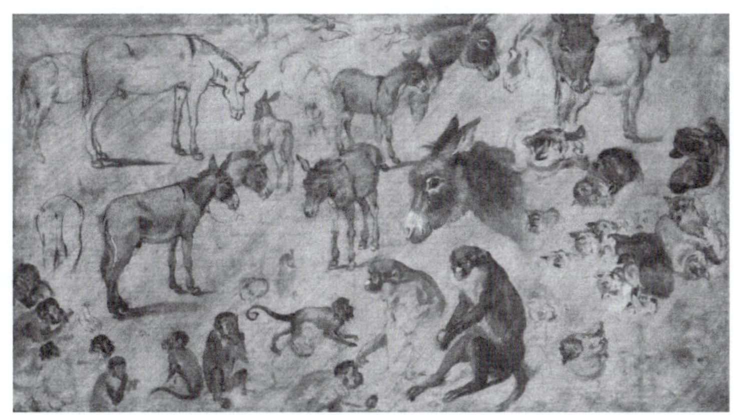

Bild 24, Jan Brueghel d. Ä., *Tierstudien*

Den größten Raum nehmen eine Gruppe von Eseln und Pferden in Anspruch. Gemächlich spazieren sie in verschiedenen Richtungen. Keines von diesen Tieren bemerkt mich, außer ein Esel, der mich mit dunklen, wachen Augen betrachtet. Seine Ohren hat er weit aufgestellt. Er horcht. Erst jetzt bemerke ich, dass Musik aus einer nahen gelegenen Scheune bis zur Lichtung dringt. Ich folge der Musik und sehe einen Drehleierspieler in Begleitung eines jungen Mannes.

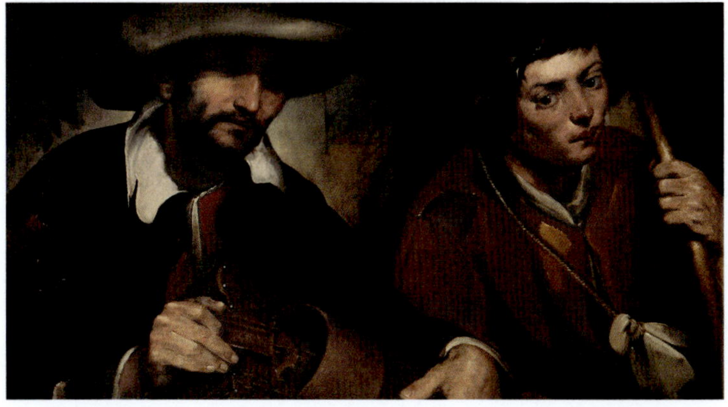

Bild 25, Francisco de Herrera d. Ä., *Blinder Drehleierspieler*

Sie sitzen auf einer einfachen Holzbank in einer Scheune und sind vollkommen in die Musik vertieft. Mit seinem breitkrempigen Hut, den er tief ins Gesicht gezogen hat, scheint der Musikant ganz mit der Drehleier eins zu sein. Erst jetzt merke ich, dass er blind ist. Licht fällt auf seine beiden Hände und auf sein noch ziemlich junges Gesicht. Auch der zerschlissene, abgetragene weiße Hemdkragen wird sichtbar. Neben ihm sitzt ein junger Mann mit dunklem lockigem Haar. Auch seine Kleidung ist einfach und erdig. Leicht lehnt er sich gegen den Musikanten und ist völlig von der Welt des Klanges gefangen. Hingebungsvoll und mit leicht zusammengepressten Lippen lauscht er der Musik. Es scheint, als würde er mit den Augen hören. Auch er sieht mich nicht.

Schwermütig klingt die Musik in meinen Ohren. Gleichzeitig spüre ich, dass sie eine Liebeserklärung an das Leben ist. Ich bin von der Innigkeit der beiden und der Tiefe der Musik so erfasst, dass ich mich still neben sie setze. Die beiden wissen nicht, dass ich da bin. Der blinde Drehleierspieler beginnt mit einer neuen Melodie. Ich schließe meine Augen und gebe mich ganz dem Hören hin. Er singt ein Lied im Dialekt meiner Kindheit.

Bleib bei dir
Den I bin mittendrin
Huidiei jodleiri Huidiridi
I bin der Weg
Bin jeda Schritt
Do gibt es keinen Irrweg nit
Huidiei jodleiri Huidiridi

Bleib bei dir
Den I bin mittendrin
Huidiei jodleiri Huidiridi
Bin weda fern
und weda noh
Bin immer ganz in dir so do
Huidiei jodleiri Huidiridi

Bleib bei dir
Den I bin mittendrin
Huidiei jodleiri Huidiridi
Wos imma gschieacht
Wen du a triffst
Mittendrin is wo I bin
Huidiei jodleiri Huidiridi

Bleib bei dir
Den I bin mittendrin
Huidiei jodleiri Huidiridi
In jedem Otemzug
Und jedem Augenblick
Bin I bei dir
Huidiei jodleiri Huidiridi

Gspiast as ned
I bin do mitten drin
Huidiei jodleiri Huidiridi
I bin dei Freid
Und bin dei Leid
Bin imma alles in der Zeit
Huidiei jodleiri Huidiridi

Dieses Lied hat der blinde Drehleierspieler für mich gesungen, das spüre ich mit meinem ganzen Herzen. Wie oft habe ich die Wahrheit draußen gesucht, in meinem Gegenüber, bei anderen Menschen, in Dingen oder Ereignissen auf meiner Suchen nach Liebe, Verbundenheit und letztendlich nach mir selbst!

Mein Blick fällt in die dunkle hintere Ecke der Scheune und ich sehe, wie wirre, unzusammenhängende Schattenspiele horrende Szenen erschaffen. Sie haben keine Dauer und fallen im nächsten Moment wieder ins Nichts zurück (Gunter Brus, Ordnung ist Verordnung, Ausstellung Belvedere, 2018).

Alles hier ist Fragmentation und Zerstücklung. Das Lied des blinden Musikanten hallt noch nach – *Bleib bei dir* – und es gelingt mir, hinzuschauen und nicht vor Abscheu die Flucht zu ergreifen.

Umgeben von Erd- und Blutlinien ein einsamer Menschenkopf, tot oder dem Tod nahe, ein linker abgehackter Arm wie ein Aufschrei, verkrüppelt, handlungsunfähig, unfähig gemacht durch die dunkle Erdmasse, die sich über dem scheinbaren Nichts angesammelt hat, und ein Mund oder eine Vagina, regenbogenumrahmt, im Gegensatz zu diesem tiefen Schwarzbraun, welches drei kreisförmig augenähnliche Formen trägt und miteinschließt. Figuren, Hand und Kopf tauchen auf – und kurz eine Schrift:

Ich bin als Gewinn ich

Alles fällt im nächsten Moment in die Dunkelheit zurück. Ich schaudere. Ein großes Auge schaut mich an, starr, nur das Blau belebt, das es umringt und Bewegung in die Starre der Form bringt. Doch hier ist ein schwarzes Loch, links neben dem großen Auge, es scheint, als möchte es hinein in dieses große Auge – als Pupille –, als hätte das Auge die Pupille verloren, die jetzt verloren im Erdraum herumgeistert und keinen Platz mehr hat, genauso wie das rechte Auge mit dem Loch in der Mitte, das weiß und leer ist.

Licht ist Pflicht
oder
Pflicht ist Licht

Ich kann die Worte nicht so schnell lesen und schon gar nicht verstehen. Alles hat hier seinen Platz verloren, Wörter, Formen, Sätze. Es ist eine bunt zusammengewürfelte Welt von Zufälligkeiten ohne Sinnzusammenhang.

Diese horrenden Szenen vergehen so schnell, wie sie gekommen sind. Nichts bleibt zurück. Ich schaue wieder zu dem blinden Musikanten zurück und sehe hinter ihm das Tageslicht durch das Scheunenfenster scheinen. Ich gehe zum Fenster, schaue hinaus. Der Himmel ist grau und durchdrungen von einem zarten Rosa, das durch die Wolkenmasse bricht.

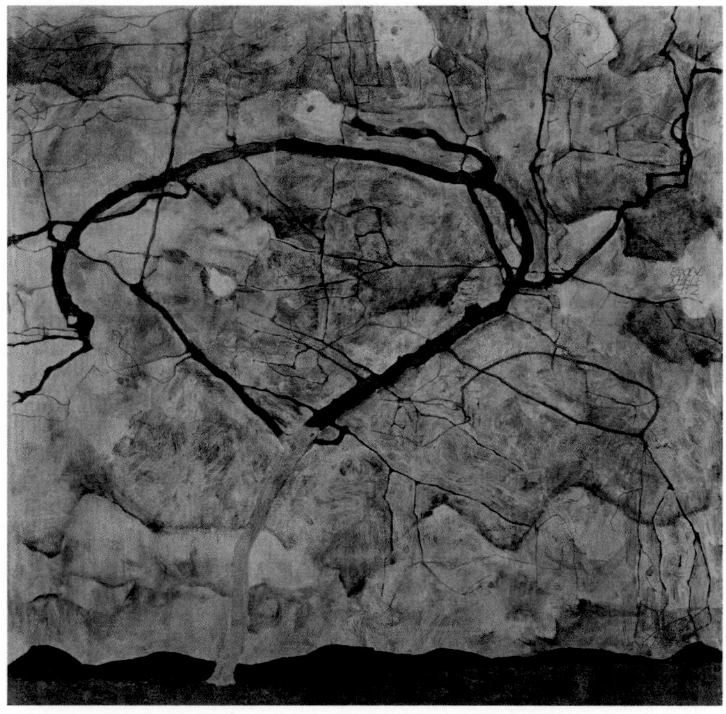

Bild 26, Egon Schiele, *Herbstbaum in bewegter Luft*

Die Luft scheint von vielen Winden bewegt zu sein, gleichzeitig ist sie jedoch ganz ruhig. Vor diesem Hintergrund steht – wie ein graziöser Tänzer – ein blattloser Baum. Sein grauer Stamm ist leicht nach rechts gelehnt, ein brauner Ast biegt sich mit einer eleganten Kurve nach links. Starke Winde, karger Boden und Trockenheit haben ihn so geformt, wie er ist. Seine dünnen Ästchen strecken sich in alle Richtungen und verraten unglaubliche Verletzbarkeit. Stärke und Verletzbarkeit vereinen sich in diesem Baum. Er strahlt Schönheit und Würde aus. Neben dem Baum flattert eine kleine, weiße Fahne mit einer Inschrift:

Zu rasch Dauer wollen,
bringt beharrlich Unheil.
Großzügiges Stille halten,
Heil![5]

Diese Zeilen zeigen, was in meinem Innersten vorgeht. Ich spüre ein großes Bedürfnis nach Dauer. Ich möchte all das Schöne, das ich erfahren durfte, festhalten. Zur gleichen Zeit erfüllt mich ein großes Sehnen nach Stille, nach grenzenloser Stille, in der alles Platz hat. Diese beiden Bedürfnisse erzeugen ein Spannungsfeld, das ich nicht auflösen kann. Der bloße Gedanke an diese so gegensätzliche Energie lässt vor meinem inneren Auge zwei Männer erscheinen – einen jungen und einen alten Mann.

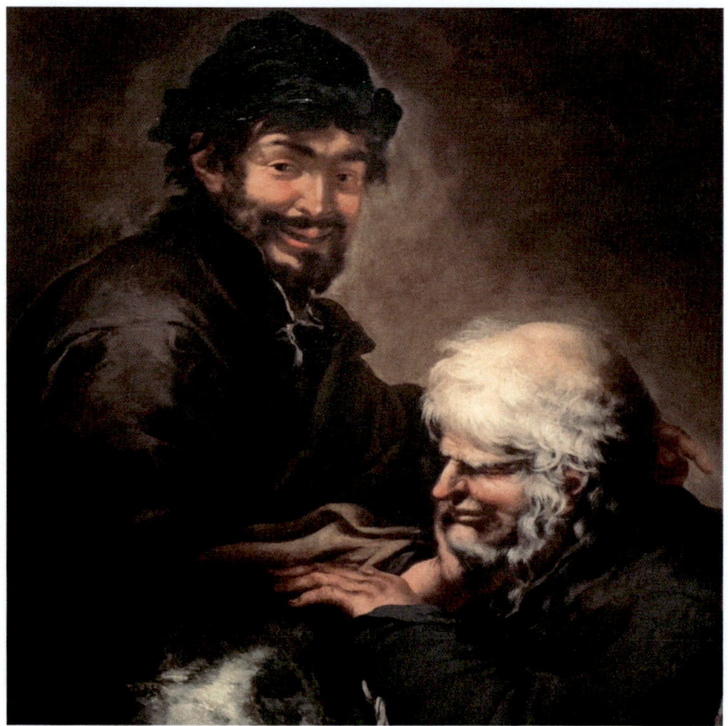

Bild 27, Salvator Rosa, *Heraclitus und Democritus*

Der junge Mann mit schwarzem Haar, buschigen Augenbrauen und kurz gestutztem Vollbart scheint auf mich gewartet zu haben. Mit einem verschmitzten Lächeln ist er gerade im Begriff, einen Witz zu erzählen, wobei seine dunklen, kleinen Augen vor Schalkhaftigkeit glänzen. Spöttisch zeigt er mit seinem linken Zeigefinger auf den knienden, weißhaarigen Mann unter ihm, der mit seiner starken, feingliedrigen linken Hand eine schematische Kugel berührt. Wie zierliche Schaumkronen im Ozean fallen seine blendend weißen Haare in sein melancholisches, braun gebranntes Gesicht. Mit der rechten Hand stützt er seinen Kopf. Sein Blick ist nach innen gerichtet. Er kann mich nicht sehen, doch scheint mich gehört zu haben. Langsam und bedächtig beginnt er zu sprechen:

„Das Leben ist ein beständiges Werden und Wandeln
Es ist irreführend, in den alltäglichen Erfahrungen
Stabilität suchen zu wollen.
Erst im Gegensatz zeigt sich die Einheit –
das Verschiedene gehört zusammen.

Betrachte das Leben wie einen Fluss,
das Wasser ist ständig in Bewegung,
doch das Flussbett grenzt es ein,
so ist es auch in deinem Leben:
PANTA RHEI!
Alles fließt!“

Tränen kullern auf seine Wangen runter. Warum ist er traurig? Ist er traurig, weil so viele Menschen – und so auch ich – nicht nach dieser Weisheit leben? Oder ist er traurig, weil das Leben vergänglich ist? „Das Leben ist kurz, genieße es“, ruft mir der junge Mann entgegen. Wer hat recht? Vielleicht ist beides wahr? Bei diesem Gedanken fällt mir die Ähnlichkeit zwischen dem weißhaarigen Mann und dem blinden Drehorgelspieler auf. Beide hatten ihre Blicke nach innen gerichtet. Beide konnten mich nicht sehen, doch sie haben mich gespürt und sprachen zu mir. Ihre Botschaft war die gleiche – bei mir bleiben, heißt, Flussbett sein für das sich ständig verändernde Leben! Doch was bedeutet das? Wer kann mir dabei helfen, diesem Geheimnis näherzukommen? Ich denke an meine Großmutter. So lange ich sie gekannt habe, hat sie ihre Tage mit Sticken verbracht. Sie war die einzige Frau in meinem Leben, die ihre Aufmerksamkeit nach innen gerichtet hat. Vielleicht bringt sie mich einer Antwort näher. Ich muss nicht lange warten, bis eine leichte Brise meine rechte Schulter berührt und ein starker Windstoß einige abgefallene Blätter in eine Richtung bläst. Ich gehe in diese Richtung und komme zu einem abgelegenen, einfachen Haus. Ich trete ein. Ein alter, kahlköpfiger Mann mit schütterem weißem Bart und scharfen Gesichtszügen sitzt vor einem Lesepult mit aufgeschlagenem Buch.

(Quinten Massys, Hl. Hieronymus in der Zelle, Kunsthistorisches Museum)

Durch mein unangemeldetes Eintreten aufmerksam gemacht, dreht er seinen Körper in meine Richtung, er beachtet mich jedoch nicht. Mit klarem, konzentriertem Blick schaut er auf die Buchseiten vor ihm, wo, so glaube ich, die Auferstehung von Christus abgebildet ist. Mit graziöser Bewegung legt er seine rechte Hand auf seine linke Herzgegend, die Finger berühren nur ganz leicht sein Gewand. Die linke Hand hält er wie eine krabbelnde Spinne über einen Totenkopf, wobei die Innenfläche der Hand den Hinterkopf sanft berühren. Weich fallen die schütteren weißen Barthaare auf seine Brust. Sie stehen im Gegensatz zu seinen scharfen Nasenflügeln und seiner hohen Stirn. Ein roter, flacher Hut liegt in einem Regal über einem Stoß von achtlos abgelegten Büchern. Ein Kerzenständer aus Bronze mit einer fast abgebrannten, erloschenen Kerze steht in einem anderen Regal. Beides wird jetzt nicht gebraucht. Indem er seinen Blick noch intensiver auf das Buch wirft, flüstert er leise folgende Worte:

„Der Vergänglichkeit kann man nur mit Liebe und
Verbundenheit mit allem, das ist, begegnen.
Diese Liebe führt zur Freude und Dankbarkeit,
unabhängig von Lebensumständen.
Hier liegt die Befreiung."

In Dankbarkeit, dass ich seine leisen geflüsterten Worte gerade noch hören konnte, trete ich aus seinem Haus. In der Zwischenzeit ist es stockdunkel geworden und ich sehe keinen Pfad mehr. Wenn ich doch ein Licht hätte, das den Weg vor mir erhellen könnte! Ich bleibe, wo ich bin, und warte. Plötzlich höre ich eine Stimme:

„Ich bin der Engel,
der das Alte und Neue verbindet –
gehe hinein in die Ungewissheit
und lege deine Hand in Gottes Hand.
Das ist mehr wert als ein Licht
und sicherer, als den Weg zu wissen."[6]

Was und wer ist Gott für mich? Ich weiß es nicht. Plötzlich spüre ich eine Hand in meiner linken Hand. Sie ist stark und sanft zugleich. Sie führt mich zu einer leuchtenden Inschrift, die die Dunkelheit durchdringt:

Gott spricht zu jedem nur, eh er ihn macht,
dann geht er schweigend mit ihm aus der Nacht.
Aber die Worte, eh jeder beginnt,
diese wolkigen Worte sind:

Von deinen Sinnen hinausgesandt
Geh bis an deiner Sehnsucht Rand;
Gib mir Gewand
Hinter den Dingen wachse als Brand
Dass ihre Schatten, ausgespannt
Immer mich ganz bedecken.

Lass dir alles geschehn: Schönheit und Schrecken.
Man muss nur gehen: Kein Gefühl ist das fernste.
Lass dich von mir nicht trennen.
Nah ist das Land,
das sie das Leben nennen.

Du wirst es erkennen
An seinem Ernste.
Gib mir die Hand.[7]

Dieses Gedicht von Rilke kenne ich! Es begleitet mich schon seit Jahrzehnten. Vor Jahren habe ich es auswendig gelernt, damit jedes Wort in mein Inneres dringen kann! Langsam löst sich die Hand von meiner, und nur für einen Augenblick sehe ich die Gestalt, die zu dieser Hand gehört: Es ist das Mädchen ohne Hände, das mir zu Hilfe gekommen ist! Es trägt ein blau-weiß kariertes Kleid mit weißem Kragen. Gelassen steckt sie ihre Hand in ihre Kleidertasche und schaut mich prüfend an. Für einen Moment sehe ich auch die beiden anderen Mädchen neben ihr: Alle drei sind völlig identisch und heil.

In kürzester Zeit werden sie wieder von der Dunkelheit verschluckt. Eine heilige Stille umgibt uns. Eine Stimme sagt:

„Geheilt ist die Vergangenheit.
Jetzt ist nur mehr jetzt.
Vertraue dem Leben,
mit jedem Schritt,
den du machst.
Amen!“

Ruhig und bedächtig gehe ich weiter, ohne zu wissen, wohin. Vorsichtig setze ich jeden Schritt vor den anderen. Meine Zeitempfindung ist verschwunden. Es ist völlig still um mich. Ich spüre meinen Körper, meinen Atem und den Boden unter den Füßen. Dichter Laubwald umgibt mich. Langsam wird es heller,

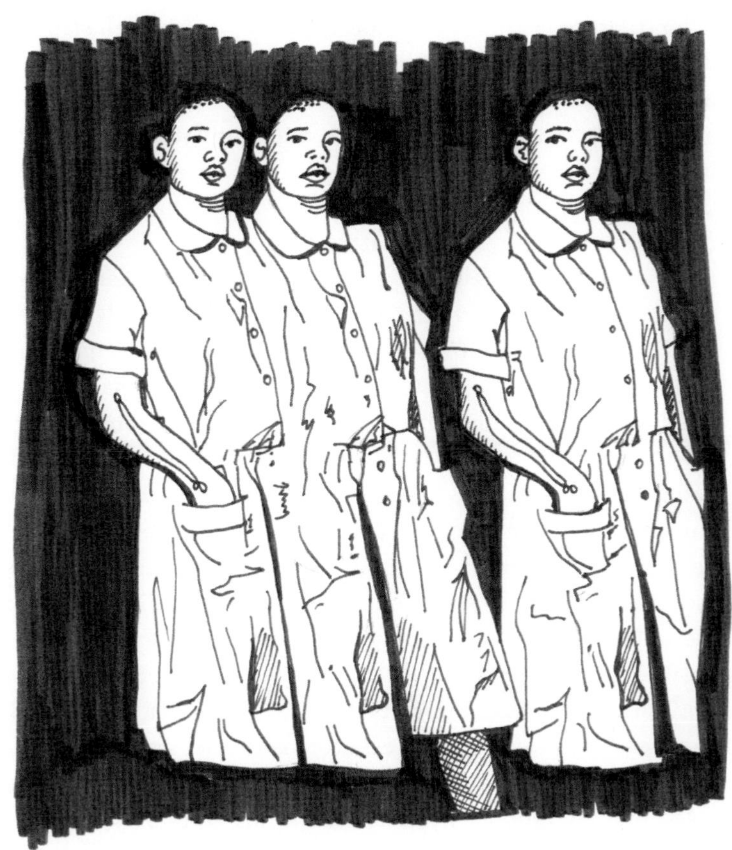

Bild 28, Lucretia Schmidt, Drei Mädchen

und vor mir tauchen die Umrisse eines roten Tores auf. Beim Näherkommen bemerke ich, dass es viele, hintereinandergestellte Tore sind, die einen Durchgang bilden. Auf dem oberen Balken des ersten Tores lese ich folgende Inschrift:

Wanderer! Du hast schon lange Zeit geträumt.
Ist es nicht endlich Zeit aufzuwachen?[8]

Habe ich das wirklich alles nur geträumt? Den ganzen langen Weg, den ich gegangen bin, geträumt? Und falls ich tatsächlich noch immer träume, wie kann ich aufwachen? Ich schreite durch die vielen roten Tore, die nicht als Abgrenzung dienen und trotzdem eine Markierung sind. Irgendwo in der Ferne ruft ein Käuzchen. Das Rauschen in den hohen Baumkronen wird immer stärker, und ich merke, dass es das Rauschen des Meeres ist. Der Pfad bringt mich zu einer Küste. Ich bin hingerissen von dem Anblick dieser Landschaft!

Wie zerrissene Schleier jagt ein starker Ostwind Wolken über den Himmel und beugt die knorrigen Bäume in eine Richtung. Die Luft ist von einem Tosen und Donnern erfüllt. Schäumende Wellen brausen wie ein Rüschengewand in Sechserreihen auf die Küste zu. Kein Mensch ist zu sehen, nur kilometerlange Küste in purer Wildnis. Der Strand gleicht einem Friedhof voll von dürren Ästen, die wie Knochen aus dem Sand herausragen. Nur die unzähligen Kokosnüsse, die wie Totenköpfe im Sand verstreut liegen, erinnern manchmal an ein neues Leben. Immer wieder wagt sich ein grüner Trieb heraus. Ich bin betört von dieser Wildnis, diesem Schauspiel der Natur! In mir entsteht der große Wunsch, mit diesen Elementen zu spielen. Die Kargheit und Wildheit zwingen mich fast, selbst kreativ zu werden. Ich beginne, Korallen, abgefallene Blätter, vom Meer abgeschliffenes Glas und Driftholz zu sammeln, und fange an, Kreationen zu gestalten. Mit länglichen Korallen mache ich einen Kreis, dann einen Kreis mit Blumen und abgefallenen Blättern. Aus schwarzen Glasstücken gestalte ich einen Panther und aus Samen, die von den kieferartigen Nadelbäumen abgefallen sind, mache ich einen kleinen Löwen. Stunden und Tage vergehen. Ich werde zu einem Kind, indem ich spiele und mich darin völlig selbst vergesse. Das Gestalten ist ein Prozess, manchmal ein Wettlauf mit dem Meer, das mit großen Wellen meine Kreationen zerstört und ein eigenes Muster in den Sand macht.

Immer wieder frage ich mich, wie man mit etwas, das nicht gelungen ist, umgehen soll. So leicht falle ich wieder in mein altes Muster der Selbstkritik. Im Rauschen des Meeres höre ich plötzlich folgende Worte:

„WACHE AUF!

Urteile und verurteile nichts und niemanden,
schon gar nicht dich selbst!
Alles hat in diesem Universum Platz."

Diese Worte scheinen von einer riesigen Welle zu stammen, die sich gerade im Meer gebildet hat.

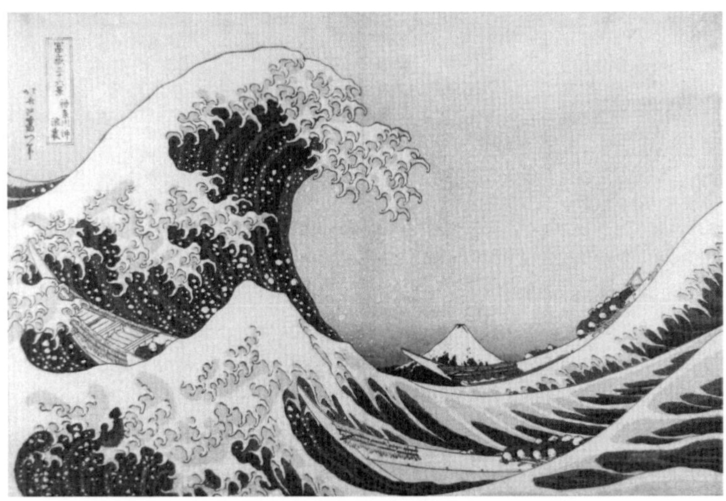

Bild 29, Hokusai, *Die große Welle von Kanagawa*

Ihre verschlingende Kraft beugt sich über kleine, zerbrechlich wirkende Boote, die dem stürmischen Meer trotzen. Eine weiße Schaumkrone spreizt sich dem Himmel entgegen, um sich im nächsten Moment zu überschlagen und wieder mit dem Meer eins zu werden. Die Schaumkrone ähnelt den Krallen eines mächtigen Drachens. Hinten am Horizont sehe ich einen schneebedeckten Berg, unberührt von der Bewegtheit des Meeres.

Die Drachenwelle inspiriert mich dazu, selbst einen Drachen zu gestalten. Ich sehe ihn schon vor mir. Es wird mein Meisterwerk werden, größer als alle anderen Kreationen. Bei seinem Anblick möchte ich erschaudern und von Staunen erfüllt sein.

Im Geist der Transformation sammle ich die kleinen braunen Samen ein, Samen, die einmal einen Löwen geformt haben, der als Wächter vor einem Haus mit dem Namen *Love* stand. Wellen haben die Kreation schon längst fortgerissen, jedoch nicht alle Samen ins Meer getragen. Lediglich die Form wurde zerstört. Ich ritze die Linien eines Drachens in den noch unberührten Sand. Zugleich bemerke ich, dass es wohl kein Drache werden wird. Die Proportionen stimmen nicht. Der Kopf ist zu groß, der Körper zu lang und der Schwanz verdünnt sich zu schnell. Ich verwandle ihn in eine Schlange und lege seinen Körper mit Samen aus. Bald schon habe ich nicht mehr genug davon. Ich ersetze die Samen mit den Blättern, aus denen ich vorher ein Mandala gemacht habe. Mit Korallen, die das Meer ans Ufer spülte, fülle ich den Rest des Körpers aus. Eine Muschel verwende ich als Auge, und mit roten Steinen forme ich eine Zunge, die aus dem offenen Maul herausragt.

Während des Tuns wird meine Unzufriedenheit immer größer, und auch meine Hast, den Schlangendrachen vor der ersten großen Welle der Zerstörung fertig zu machen. Endlich, nach Stunden von Arbeit im Wettlauf mit der Zeit, ist mein Ungeheuer fertig. Es gefällt mir nicht! Zu groß ist die Kluft zwischen Vorstellung und Realität. Eine große Welle kommt und verschlingt ihn zur Gänze. Welch eine Befreiung!

Doch das Ungeheuer selbst lebt in meinem Inneren weiter und raubt mir den Schlaf. Es möchte sich irgendwo manifestieren. Es bleibt mir nichts übrig, als es noch einmal zu versuchen. Etwas oberhalb der Flutlinie befindet sich eine Sandplattform. Sie ist ideal für meine Kreation. Ich verwende Driftholz, das überall herumliegt, und zeichne einen gewaltigen Körper, einen feurigen Schwanz und einen furchterregenden Kopf. Gerundetes Driftholz markiert seinen Körperumfang, und ein gewundenes Holz wird sein Schwanz. Kokosschalen werden zu seinen mächtigen

Beinen. Eine halbrunde, weiße Plastikkappe, mindestens zehn Zentimeter im Durchmesser, wird zu seinem Auge.

Irgendwann wird mein Drache fertig. Von der Sonne beschienen liegt er da, riesig und horrend. Er korrespondiert mit einer Energie in meinem Inneren. Es ist eine Energie im unteren Bereich meines Körpers. Dieses Kraftzentrum wird in Asien Hara genannt. Die sichtbare Manifestation jener ungezähmten, grenzenlosen Energie erfüllt mich mit Freude. Der Drache erinnert mich an ein Bild, das ich vor langer Zeit in einem Tempel gesehen habe. Er ist das Fortbewegungsmittel einer Göttin, die gelassen und mit großer Anmut auf seinem Körper steht.

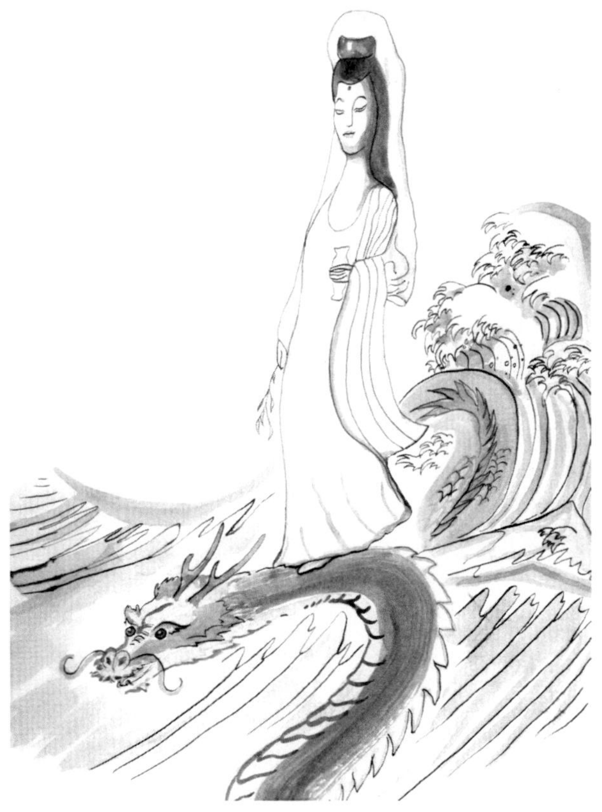

Bild 30, Lucretia Schmidt, Göttin

Ich wandere in eine nahegelegene Bucht. Warm scheint die Abendsonne auf das spiegelglatte Wasser und wirft einen weißen Lichtstreifen in meine Richtung. Das Wasser ist seicht und ruhig. Es ist sehr verlockend, in dieses warme Wasser zu steigen, und ich beschließe zu schnorcheln. Ein wahres Wunder erwartet mich. Zwischen den Felsen entdecke ich einen riesigen Seeschwammgarten. Die Schwämme gleichen Knospen, Blumen und Farnen und leuchten in unterschiedlichsten Farben. Längliche, aufgeblasene Beutel verschiedener Größe wechseln sich ab mit Anemonen und Korallen. Einige Korallen gleichen winzigen Händen, die sich öffnen und wieder schließen, so, als wollten sie immer wieder das Wasser ergreifen. Andere wiederum erinnern mich an Federn, doch sie haben Augen, die sich beim Näherkommen schließen. In diesen scheinbar festen, felsartigen Formen ist Leben, das mich wahrnimmt und spürt. Ich bin in eine völlig andere Welt eingetaucht, in eine Welt, die Millionen von Jahren zurückgeht und mich in ihre Mitte nimmt.

Wie eine Welle, die mit dem restlichen Wasser verbunden ist, schwebe ich in diesem vorgeschichtlichen Paradies und fühle mich in den Mutterleib zurückversetzt. Mein Herz wird weit, und eine tiefe Freude erfüllt mich. Ich werde zu einem einzigen Staunen über die Schönheit und Harmonie von Formen und Farben. Mein Zeitgefühl schwindet. Wie lange war ich in diesem Paradies? Ich weiß es nicht.

Beim Heraussteigen aus dem Wasser bemerke ich, dass sich der Ort verändert hat. Ich befinde mich auf einer Wiese, auf der sich eine kreisrunde Pferderennbahn befindet. Ich spüre, dass sich auch irgendetwas in mir verschoben hat, etwas, das ich nicht begreifen kann. Der Wind ist nichts Äußeres mehr, ich selbst bin der Wind. Die rote Erde unter mir ist genauso ein Teil von mir wie die weißen Kumuluswolken, die über den Himmel ziehen. Alles ist mit allem verbunden, und ich bin ein Teil davon. Mein Gefühl der Verortung ist im Begriff, sich aufzulösen. Ich bin überall, und das zur selben Zeit. Vergangenheit, Gegenwart, Zukunft – es ist unwichtig geworden.

Bin ich aufgewacht, oder in einem noch tieferen Traum versunken? Doch auch das zweifelnde Ich hat plötzlich keine Gewichtigkeit mehr. Ich spüre ganz stark, dass ich durch den Prozess einer neuen Geburt durchgegangen bin. Die Zeilen über dem Tor fallen mir ein:

Wanderer! Du hast schon lange Zeit geträumt.
Ist es nicht endlich Zeit aufzuwachen?

Es ist ein Prozess des *Ent*werdens, eine Rückkehr zum Ursprung und zugleich zum Nicht-Selbst! Ich kann dem Leben vertrauen. Das Einzige, was Bedeutung hat, ist das Gewahrsein, unabhängig vom Ich.

Jetzt erst sehe ich, dass mindestens dreißig Ponys und Pferde in verschiedenen Größen und Farben von Weiß, Beige und Braun im schnellen Schritttempo auf mich zukommen. Ich stehe außerhalb eines weißen Lattenzauns und beobachte sie. Die Herde wird von einem fabelhaften Wesen begleitet. Elegant und hoch aufgerichtet trennt es sich von der Gruppe und schreitet langsam auf mich zu. Sein Gang erinnert mich an den eines Kamels. Es ist größer als jedes Tier, das ich bisher gesehen habe. Sein Körper ist rechteckig. Es hat die Flexibilität und die Vitalität eines Pferdes und die Kraft eines Bullen. Doch das gekräuselte weiße Fell ist seidig und weich wie das Fell eines jungen Pudels. Seine tiefschwarzen Augen blicken mich an. Es strahlt grenzenloses Mitgefühl und Liebe aus. Durch seinen Blick fühle ich mich das erste Mal in meinem Leben erkannt. Eine tiefe Liebe entbrennt in mir, und ich weiß, dass ich diesem Wesen bedingungslos folgen werde.

Ohne mich aus seinem Blick zu verlieren, schreitet es auf mich zu und steigt über den weißen Lattenzaun. Alle anderen Pferde und Ponys bleiben auf der Rennbahn und drehen weiterhin ihre Runden. Das Wesen weiß, was es will. Es kniet sich – wie ein Kamel – zuerst mit seinen Vorderbeinen auf den trockenen Boden, um sich dann völlig niederzulassen. Es will mich tragen. Ich habe Angst. Lieber habe ich meine eigenen Füße auf dem

Boden, als von diesem monströsen Wesen getragen zu werden. Bin ich einmal oben, dann habe ich mich ihm zur Gänze ausgeliefert, seinen Launen und seinen Absichten. Dann muss ich ihm folgen. Und wie kann ich mich überhaupt oben halten, ohne Sattel und Zügel?

Ruhig liegt es da und wartet. Es wartet auf mich. Ich lasse meinen Lebensweg vor meinem inneren Auge ablaufen und sehe, dass ich eigentlich keine Wahl habe. Das ist eine einmalige Gelegenheit. Ich muss den Mut aufbringen und aufsteigen. Meine Beine fangen zu zittern an. Das Zittern wandert in meinen Körper. Meine Kiefer schlagen vor lauter Angst zusammen, ganz so, als stünde der Tod neben mir. Ich bin so nahe an dem Wesen, dass ich seinen Atem als sanfte Brise wahrnehmen kann. Es riecht nach Rosen und Lavendel, gemischt mit dem herben Duft von Sandelholz und Kiefer. Ganz leicht berühre ich sein weißes gelocktes Fell, und das beruhigt mich. Wieder erfasst mich ein tiefes Vertrauen zu ihm und ich schmiege mich an seine Flanken. Ganz natürlich überkommt mich das Bedürfnis, auf seinen Rücken zu klettern, und ich steige hinauf. Sein Köper fühlt sich warm und lebendig an. Lange sitze ich da, ohne dass es sich bewegt. Ich genieße den Halt, den es mir gibt, seine Wärme und Ruhe. Meine Angst ist verflogen. Ich nenne dieses Fabelwesen *Spirit*.

Langsam steht es auf. Irgendwie scheine ich ganz eng mit ihm verbunden zu sein. Behutsam beginnt es, sich vorwärts zu bewegen, es ist mehr ein Schreiten oder vielleicht sogar Schweben. Mit jedem Schritt vorwärts verändert sich meine Wahrnehmung und wird ersetzt von Bildern aus der Vergangenheit. Diesem magischen Wesen ist es möglich, längst verschüttete Vergangenheit wieder zum Vorschein zu bringen.

Ich sehe! Ich sehe einen riesigen Misthaufen, aus dem zwei aufgestellte Füße wie kleine Fahnen herausragen. Es sind tote Füße. Der Rest des toten Körpers ist wahrscheinlich schon unter dem Mist verwest. Ich sehe Bilder von Vergewaltigung und Mord. Mir wird übel. Wild klopft mein Herz, und ich greife tief in das Fell des Wesens, um Halt zu finden. Es zwingt mich, hinzuschauen und hilft mir zugleich, Abstand zu halten.

Grausame Bilder ziehen an mir vorbei, Fratzen mit blutunterlaufenen Augen und weit aufgerissenen Mäulern, die alles verschlingen wollen. Ein Strom von Jauche und Abwässern wird von einem starken Sog in einen unterirdischen Kanal gezogen. Der Sog ist von fast übernatürlicher Gewalt. Es reißt alles mit sich, doch mein Wesen gibt mir Halt und trägt mich mit Liebe über all den Mist hinweg. Der Sog hat keine Kraft auf das Wesen und ich muss nur sehen, hinsehen. Eine tonlose Stimme spricht die klaren Worte:

„Describe what you see into the spectrum of your awareness."

Ich verstehe. Meine Aufgabe ist es, hinzuschauen und meiner Wahrnehmung zu vertrauen. Wie bei einem Fächer kann sich das Feld der Wahrnehmung verkleinern und vergrößern, doch es liegt nicht an mir, den Fächer größer oder kleiner zu machen. Meine Aufgabe ist es, Dinge, die ich wahrnehme, ins Bewusstsein zu bringen und zu beschreiben. Auch wenn das Feld klein ist und der Fächer fast geschlossen, ist es wichtig, diese Tatsache einfach hinzunehmen. Für einen kurzen Augenblick sehe ich wieder die Fundstelle des Beckenknochens und den Platz, wo ich vor langer Zeit Mist und Knochen entleert habe. Der Platz hat sich in eine wild blühende Blumenwiese verwandelt. Ich freue mich.

Schritt für Schritt schreitet das Wesen weiter, und die Bilder der Vergangenheit verlieren ihre Kraft. Sie werden durch Bilder neuer Welten ersetzt. So komme ich in die Welt der Edelmetalle und Edelsteine und sehe in das Innere eines Berges. Ein mystisch goldenes Licht umgibt einen Schmelzofen, der Gold in eine glühende Flüssigkeit verwandelt. Figuren, ähnlich denen von Hieronymus Bosch, tauchen wie Schatten für kurze Zeit rund um den Schmelzofen auf und verschwinden wieder.

Ein anderer Blick zeigt mir die Welt des Silbers, das schon zu Schmuckstücken verarbeitet worden ist. Smaragde und Rubine zieren die dicht nebeneinanderliegenden Armreifen und Silberbänder, die mit feinsten Fühlern ausgestattet sind. Wie Algen im Wasser tanzen sie in der Luft und erfühlen so ihre Umgebung. Ich kann nur mehr staunen – die anorganische Welt ist lebendig geworden.

Unberührt von all den Dingen schreitet das Wesen weiter. Wir betreten einen Dschungelpfad (Henry Rousseau, *Monkeys and Parrot in the Virgin Forest).*

Wie von einer magischen Hand geführt, heben die Bäume ihre Äste, um dem Wesen Platz zu geben. Es ist ein Geschöpf der Freiheit und schafft Raum um sich, wo immer es sich bewegt. Ein Papagei ruft im hohen Geäst und schaut neugierig auf uns herab. Affen schwingen sich von Baum zu Baum und beobachten uns. Alle scheinen sich zu freuen, uns zu sehen. Wir durchschreiten sumpfige Pfützen und rötlich schimmernde Bäche, die sich durch die Wildnis schlängeln. Meine Neugier wird immer größer. Wohin wird mich dieses Wesen bringen? Ich höre Flüstern und weiß nicht, woher es kommt. Kein Mensch ist in der Nähe. Beim näheren Hinhören bemerke ich, dass Pflanzen miteinander kommunizieren. Das fasziniert mich. Mein Wesen schenkt ihnen jedoch keine Beachtung. Es schreitet unbeirrt weiter. Es möchte mir etwas zeigen. Der Dschungelpfad schlängelt sich wie eine Schlange durch das Dickicht, und manchmal verhindern umgefallene Bäume den Weiterweg. Doch mein Wesen steigt unbeirrt über die Hindernisse hinweg.

Mein ganzer Körper ist erfüllt von Hingabe und Liebe zu etwas, das ich nicht kenne, aber erspüre. Es ist eine übermenschliche Energie von Verbundenheit, Einheit und Liebe.

Pflanzen beginnen zu singen. Jede singt ihr eigenes Lied, und daraus entsteht eine bezaubernd magische Melodie. Das Lied handelt vom *mittleren Weg*, einem Weg, der über den Polaritäten von Gut und Böse liegt, jenseits von oben und unten, von Verbindung und Trennung, Leben und Tod, Form und Leerheit. Immer wieder höre ich die geheimnisvollen Worte: *Gate, Gate, Paragate, Para Sam gate Bodhi svaha!*[9]

Mir wird bewusst, dass mich das Wesen in einen magischen Wald gebracht hat, einen Wald voll von paradoxen Geschehnissen, Pflanzengeistern und Geistwesen. Nichts ist mehr so, wie es früher war. Wieder frage ich mich: Wache ich oder träume ich?

Ruhig und gelassen schreitet das Wesen auf dem Dschungelweg dahin, bis es zu einer Lichtung kommt. Diese kreisförmige Lichtung ist von einem Stacheldraht umgrenzt und durch ein Tor zugänglich. In der Mitte des Kreises steht ein Tempel in Form einer Pagode. Mein Wesen ist viel zu groß, um durch das Tor schreiten zu können. Es bleibt vor dem Anwesen stehen. Es möchte mir etwas zeigen.

Zu meiner großen Überraschung öffnet sich die Tempeltür und meine Großmutter erscheint in voller Größe vor dem Eingang – genauso, wie sie am Anfang meiner Wanderung aus dem selbst gestickten Bild herausgetreten ist. Vor dem Eingang steht eine junge Frau mit glatt rasiertem Kopf, deren Gesicht ich nicht erkennen kann. Sie scheint auf meine Großmutter gewartet zu haben. Auf ihrem Hinterkopf sitzt ein krötenähnliches Wesen, das fast den ganzen Hinterkopf bedeckt. Meine Großmutter packt das Monster mit ihren beiden Händen, dreht, zieht und dreht, bis ein kleiner Spalt zwischen Kopf und dem unförmigen Lebewesen entsteht. Wie ein Germteig verändert die Gestalt seine Form. Es scheint durch eine magnetische Kraft mit dem Kopf verbunden zu sein. Doch meine Großmutter gibt nicht auf. Nach viel Mühe gelingt es ihr, die Masse endlich vom Kopf zu lösen. Mit einem hohen Bogen wirft sie dieses Etwas weit von sich und die unförmige Masse landet auf dem Sandboden. Im Augenblick der Landung verwandelt es sich in einen Frosch mit einer weißen Halskrause. Ein zweiter, etwas kleinerer Frosch erscheint plötzlich neben ihm. Friedlich sitzen sie beisammen, so, als gehörten sie immer schon zusammen. Wie magisch ist doch das Leben!

Fest verbinde ich mich mit meinem Wesen und spüre das seidige Fell auf meiner nackten Haut. Meine Beine schlingen sich wie Wurzeln um seinen Rücken, und meine Hände vergraben sich in seine wolkig weißen Locken. Plötzlich erfasst mich eine Woge von unglaublichem Glücksgefühl. Sie wandert von unten nach oben und erfasst jede Zelle. Ich spüre, das Wesen und ich, wir sind eins!

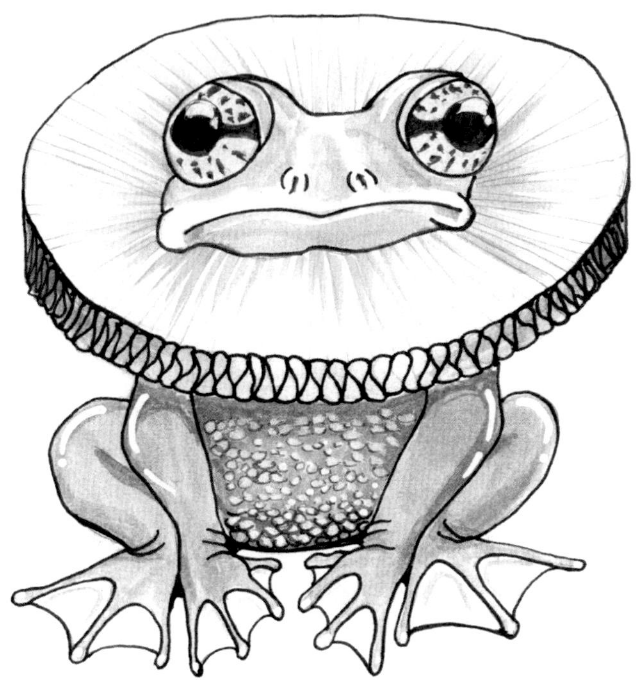

Bild 31, Lucretia Schmidt, Frosch mit Halskrause

Ich schwebe! Das Wesen hat sich in einen geschmeidigen, athletischen Mann verwandelt. Weiße kurze Haare umranden sein junges, ebenmäßiges Gesicht und geben ihm ein zeitloses Aussehen. Er tanzt in der Luft mit einem Stab, den er unglaublich graziös und elegant bewegt. Er fordert mich auf, mit ihm zu tanzen. Ich zögere. Er gibt jedoch nicht auf und hält den Stab in meine Richtung. Langsam beginne ich mich zu bewegen. Leicht und mühelos rotieren wir um den Stab und tanzen in kosmischer Harmonie und Einheit. Ich weiß:

Ich bin Du!
In inniger Verbindung mit dem Atem
Kreisen wir um den Stab der Achtsamkeit
Verankert im Herzen
Folgen wir den Weg der Befreiung
In Einheit mit allen Wesen
Sind wir uns der Vergänglichkeit bewusst
Im grenzenlosen Licht
Und unerschütterlicher Liebe zum Leben
Ist jeder Moment
Das gesamte Universum

Anhang

Anleitung zur kreativen Kunstbetrachtung

Kreative Kunstbetrachtung ist eine Gruppenaktivität mit mindestens zwei Teilnehmer/innen. Der erste Schritt beginnt mit der Auswahl eines Kunstwerkes. Meiner Erfahrung nach ist es am besten, die Auswahl dem Zufall zu überlassen. Als ich Lektorin für Kunsttherapie an der Sigmund-Freud-Universität war und kreative Kunstbetrachtung unterrichtete, suchte ich allerdings ein Kunstwerk für die Studierenden aus. Dadurch war das Überraschungsmoment für sie gewährleistet. Für kleinere Gruppen erfand ich ein Zahlenspiel, das in spielerischer Weise ein einziges Kunstwerk unter den vielen anderen Möglichkeiten auswählt. Jede Gruppe kann ihr eigenes System erfinden.

Wenn die Gruppe vor dem Kunstwerk angelangt ist, ist es empfehlenswert, zuerst anzukommen und ein paarmal bewusst durchzuatmen. Lass den Alltag und alles, was dich beschäftigt, hinter dir. Richte deine gesamte Aufmerksamkeit auf das Kunstwerk und widerstehe dem Drang, Informationen darüber zu lesen. Jede Information beeinträchtigt deinen frischen Blick. Nähere dich dem Kunstwerk mit einem „Beginner's Mind". Schaue und entdecke! Lass das Kunstwerk auf dich einwirken und beobachte deine Reaktion. Spürst du eine Ablehnung? Bewunderung? Bist du neutral, gelangweilt, enttäuscht? Was tut es mit dir? Gehe in Beziehung mit dem Kunstwerk und beginne eine Reise des Sehens. Entdecke dieses Kunstwerk mit einem frischen Anfängergeist, ohne zu beurteilen und ohne gleich in das Vorwissen hineinzugehen. Schaue für dich. Was sagt es dir?

In Beziehung zu diesem Kunstwerk entstehen Gedanken, Gefühle, Erinnerungen, Empfindungen. Nimm einen Stift und beginne zu schreiben. Schreibe alles nieder, was dir in den Sinn kommt, ohne auszubessern, innezuhalten oder nachzudenken. So folgst du deinem Bewusstseinsfluss und verhinderst, dass dein unruhiger, ständig wandernder Affengeist dazwischenfunkt. Der innere Kritiker, der normalerweise immer da ist, wird dadurch ruhiggestellt. Falls dein Gedankenstrom aufhört und du nicht mehr weißt, was du schreiben sollst, gehe wieder in Beziehung mit dem Kunstwerk. Schweife nicht in andere Bereiche ab.

Dieser Vorgang dauert ca. dreißig Minuten. Warte, bis alle mit dem Beobachten und Schreiben fertig sind.

Am Ende setzen sich alle Teilnehmer/innen an einem ruhigen Ort zusammen (wir treffen uns oft im Kuppel-Café vom Kunsthistorischen Museum in Wien) und lesen das Geschriebene vor. Dabei ist es wichtig, weder sich selbst noch die anderen zu beurteilen. Alle Teilnehmer hören nur zu, ohne einen Kommentar abzugeben. Es gibt kein richtig und falsch. Diese Art des Teilens ermöglicht dem Kunstwerk, weit und lebendig zu werden, und verbindet die Teilnehmer in einer tiefen, unaufdringlichen Weise. Kurz zusammengefasst steht kreative Kunstbetrachtung auf vier wichtigen Säulen – Wahrnehmen, Schreiben, Mitteilen und Zuhören. Ich wünsche dir und euch viel Freude damit.

Endnoten

1 Nach Diamant-Sutra 32, aus dem ersten gedruckten Buch der Menschheitsgeschichte, vom 11. Mai 868 in Tibet.
2 Nach Bonaventura.
3 Ein Zen-Gedicht.
4 Blue Cliff record, case 2 Xiangyan.
5 I Ging.
6 Gedicht zum neuen Jahr aus China.
7 Rainer Maria Rilke.
8 Inschrift von Wat Pah Nanachat, buddhistisches Kloster in Thailand.
9 Das Ende des Herz Sutras.

Bildquellennachweis:
Seite 17: Raffaelo Santi genannt Raffael, Hl. Margareta, 1518, Öl auf Leinwand, 192 cm x 122 cm, Kunsthistorisches Museum Wien; Seite 19: Tizian, Mädchen im Pelz, 1535-1537, Öl auf Leinwand, 95 cm x 63 cm, Kunsthistorisches Museum Wien; Seite 21: Matrone, römisch, 40 v. Chr. Marmor, 31 cm, Kunsthistorisches Museum Wien; Seite 25: Henry Ossawa Tanner, American, 1859–1937, Gateway, Tangier, ca. 1912, oil on canvas, 18 7/16 x 15 5/16 inches, Saint Louis Art Museum, Friends Endowment Fund, Museum Minority Artists Purchase Fund, and the Judy Glick Fund 33:2005; Seite 27: Willard Leroy Metcalf, American, 1858-1925, Old Homestead Connecticut, ca. 1914, oil on canvas, 26x29 inches, Saint Louis Art Museum, Museum Purchase 253:1915; Seite 32: Fensterrose, Straßburger Dom; Seite 34: Mathias Grünewald, Kreuzigung, Isenheimer Altar geschlossen, 1512-1516, Öl auf Holztafel, 269 cm x 307 cm, Musée Unterlinden, Colmar; Seite 36: Mathias Grünewald, Isenheimer Altar, Hlg. Johannes, 1512-1516, Öl auf Holztafel, 269 cm x 307 cm, Musée Unterlinden, Colmar; Seite 37: Mathias Grünewald, Auferstehung, ca. 1615, Öl auf Holztafel, 269 cm 141 cm, Musée Unterlinden, Colmar; Seite 40: Francesco de'Rossi, gen. Cecchino Salviati, Bildnis eines Mannes aus der Familie Santacroce, ca. 1550/1560, Öl auf Pappelholz, Kunsthistorisches Museum Wien; Seite 42: Peter Paul Rubens, Selbstbildnis, ca. 1638, Öl auf Leinwand, 110 cm x 85,5 cm, Kunsthistorisches Museum, © KHM-Museumsverband; Seite 44: Dirk Hals, Spaziergang im Garten, 1632, Öl auf Eichenholz, 30,8 x 51,4 cm, Kunsthistorisches Museum Wien, © KHM-Museumsverband; Seite 47: Pieter Bruegel der Ältere, Bauerntanz, ca. 1568, Öl auf Eichenholz, 114 cm x 164 cm. Kunsthistorisches Museum Wien; Seite 50: Becher auf Hohem Fuß, 12. Jh. v. Chr., Mykenisch. Ton, L/H 10cm x D 15 cm, Kunsthistorisches Museum Wien; Seite 51: Johann Baeck, Gleichnis vom verlorenen Sohn, 1637, Öl auf Leinwand, 122,5 cm x 184,5 cm, Kunsthistorisches Museum Wien, © KHM-Museumsverband; Seite 56: Caravaggio, David mit dem Haupt des Goliath, ca. 1600, Öl auf Pappelholz, 91,2 cm x 116,2 cm x 2,5 cm,

Kunsthistorisches Museum Wien; Seite 57: Rembrandt Harmensz van Rijn, Die Prophetin Hanna, 1639, Öl auf Eichenholz, 79,3 cm x 79,3 cm x 2,2 cm, Kunsthistorisches Museum Wien; Seite 60: Peter Paul Rubens, Heilige Theresa von Avila, 1615 Öl auf Eichenholz, 67 cm x 69 cm, Kunsthistorisches Museum Wien; Seite 61: Eulenskyphos, griechisch, attisch, rotfigurig, 2. Hälfte 5. Jh. v. Chr., Ton, H. 7,4 cm, Dm. 9,1 cm, Kunsthistorisches Museum Wien; Seite 64: Torso des Eros, römisch, 2. Jh. nach Chr. nach hellenistischem Vorbild, Marmor, H. 58 cm, Kunsthistorisches Museum Wien; Seite 67: Lucretia Schmidt, Engel, 2024, Marker und Fineliner auf Papier, skizziert nach Marc Chagall, Selbstportrait mit Muse, 1918, Öl auf Leinwand, Privatsammlung; Seite 70: Samuel van Hoogstraten, Alter Mann im Fenster, 1653, Öl auf Leinwand, 111 cm x 85 cm, Kunsthistorisches Museum Wien; Seite 73: Tiziano Vecellio genannt Tizian, Jacobo Strada, 1567/68, Öl auf Leinwand, 126 cm x 95,5 cm x 3 cm, Kunsthistorisches Museum Wien; Seite 77: Jan Brueghel der Ältere, Tierstudien (Esel, Katzen, Affen), ca. 1616, Öl auf Eichenholz, 34,2 cm x 55,7 cm x 0,6 cm, Kunsthistorisches Museum Wien; Seite 77: Francisco de Herrera der Ältere, Blinder Drehleierspieler, ca. 1640, Öl auf Leinwand, 71,5 cm x 92 cm, Kunsthistorisches Museum Wien; Seite 81: Egon Schiele, Herbstbaum in bewegter Luft (Winterbaum), 1912, Öl, Bleistift auf Leinwand, 80 cm x 80,5 cm, Leopoldmuseum Wien; Seite 82: Salvator Rosa, Heraclitus und Democritus,1645/1649, Öl auf Leinwand, D. 104 cm, Kunsthistorisches Museum Wien; Seite 87: Lucretia Schmidt, Drei Mädchen, 2024, Marker und Fineliner auf Papier, inspiriert von Widline Cadet, Seremoni Disparisyon [ritual (dis)appearance], Fotografie, Phoenix Art Museum; Seite 89: Hokusai, Die große Welle von Kanagawa, 1830/36, Farbholzschnitt, 25 cm x 37 cm, Leopoldmuseum Wien; Seite 91: Lucretia Schmidt, Göttin auf Drachen, 2024, Tusche und Fineliner auf Papier, inspiriert von Taoistischer Göttin Matsu, verehrt als Himmelskönigin im Ma-Tsu-Temple San Francisco; Seite 98: Lucretia Schmidt, Frosch mit Halskrause, 2024, Tusche, Marker und Fineliner auf Papier

Die Autorin

Gertraud Wild ist Schriftstellerin, Kunsthistorikerin, Weltreisende und Zen-Praktizierende. Sie lehrte an verschiedenen amerikanischen Universitäten, unter anderem als Adjunct Professor an der University of South Carolina in den USA und als Lektorin an der Sigmund-Freud-Universität in Wien. Sie hat vier Kinder und vier Enkelkinder und lebt teilweise in Wien und in Arizona. Ihre Passion sind Weitwanderungen, die sie in Büchern und Blogs festhält (simplyjustwalking.com). Ihre Liebe zur Kunst, Meditation und dem kreativen Schreiben ließ sie die Methode der kreativen Kunstbetrachtung entwickeln, mit der sie viele Menschen begeistert.

Der Verlag

VINDOBONA
VERLAG SEIT 1946

ein Verlag mit Geschichte

Bereits seit 1946 steht der Vindobona Verlag im Dienst seiner Bücher und Autoren. Ursprünglich im Bereich periodisch erscheinender Journale tätig, präsentiert sich der Verlag heute als kompetenter Partner für Neuautoren am deutschen, österreichischen und schweizerischen Buchmarkt. Engagement, Verlässlichkeit und Sachverstand – das sind die Grundpfeiler, auf denen der Verlag seit jeher sicher steht.

Sie möchten mit Ihrem Werk das vielseitige Verlagsprogramm bereichern? Der Vindobona Verlag garantiert Ihnen eine professionelle Prüfung Ihres Manuskriptes durch das Lektorat sowie eine zeitnahe Rückmeldung.

Genauere Informationen zum Verlag
finden Sie im Internet unter:

www.vindobonaverlag.com

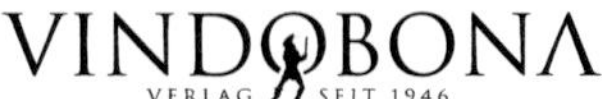

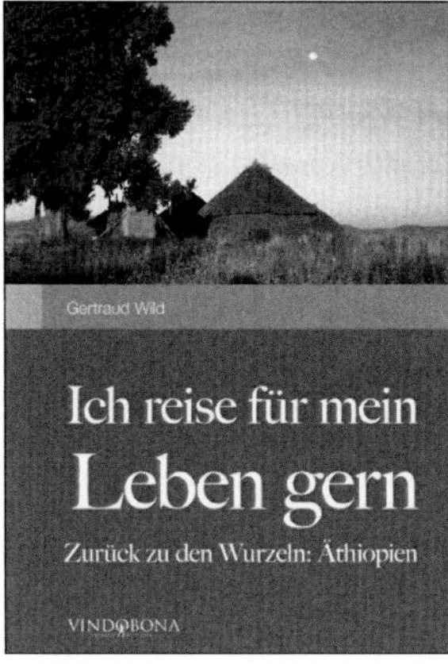

Gertraud Wild

Ich reise für mein Leben gern

Zurück zu den Wurzeln: Äthiopien

ISBN 978-3-85040-143-21
196 Seiten

Äthiopien wird zu einem Land der Begegnung. Kunst, Kultur, Geschichte, Spiritualität und Aberglaube, die Schönheit des Landes und die ungeschminkte Realität des Lebens führen nicht nur zurück zu den Wurzeln des Lebens, sondern auch zu den eigenen Tiefen des Seins.

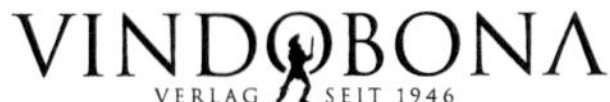

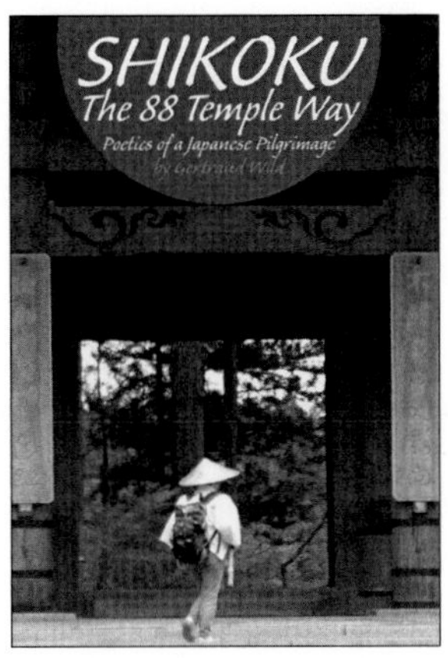

Gertraud Wild

Shikoku

The 88 Temple Way

ISBN 978-1726363273
256 Seiten

In this inspiring and book, Gertraud Wild weaves together the 1,200 plus kilometer 88 Temple Way pilgrimage in Shikoku, Japan, with the history and culture of the island. Her willingness to experience the trail as an authentic pilgrim by performing the Buddhist rituals, living in ryokans, minshukus and shukubos and keeping an open mind, makes this book a joy to read. Her stay at the Soto Zen temple Zuioji, where she was included in the daily practices of the monks, gives readers a unique perspective on a rarely seen world. Shikoku The 88 Temple Way is a must read for everyone interested in walking this or any other pilgrimage, and is especially rewarding for people interested in Buddhism, spirituality, Japanese culture and history. The book also provides additional insight into Japanese temple and shrine architecture, in an appendix written by Yuko Iwatani.